新时代青年榜样

XinShiDai
QingNian
BangYang

任初轩 / 编

人民日报出版社
北 京

图书在版编目（CIP）数据

新时代青年榜样 / 任初轩编. — 北京：人民日报
出版社，2023.12
　　ISBN 978-7-5115-8171-6

　　Ⅰ.①新…　Ⅱ.①任…　Ⅲ.①青年先进人物－先进事
迹－中国－现代　Ⅳ.①D432.62

　　中国国家版本馆CIP数据核字（2024）第018409号

书　　名：**新时代青年榜样**
　　　　　XINSHIDAI QINGNIAN BANGYANG
作　　者：任初轩

出 版 人：刘华新
责任编辑：曹　腾　季　玮
版式设计：九章文化

出版发行：人民日报出版社
社　　址：北京金台西路2号
邮政编码：100733
发行热线：（010）65369527　65369846　65369509　65369510
邮购热线：（010）65369530　65363527
编辑热线：（010）65369523
网　　址：www.peopledailypress.com
经　　销：新华书店
印　　刷：大厂回族自治县彩虹印刷有限公司
法律顾问：北京科宇律师事务所　010-83622312

开　　本：710mm×1000mm　1/16
字　　数：184千字
印　　张：15
版次印次：2024年3月第1版　　2024年11月第2次印刷

书　　号：ISBN 978-7-5115-8171-6
定　　价：49.00元

Contents 目　录

孟祥飞——矢志造重器　为国增底气　　　　　　001

蔡晓东——缉毒战场上，他从不退缩　　　　　　004

杨　宁——把最美好的时光献给家乡　　　　　　008

王召军——焊光闪烁，记录拼搏青春　　　　　　012

何英豪——青春在机床旁闪光　　　　　　　　　021

葛　军——邮政"天路"上的信使　　　　　　　027

杨　普——织造美好生活　　　　　　　　　　　037

才登巴——青春之光，在塔里木河畔闪耀　　　　045

张　晶——1205钻井队第二十一任队长　　　　053

周　雷——稻花香飘　　　　　　　　　　　　　062

王荣荣——月季的芬芳　　　　　　　　　　　　070

吉克达富——筑梦高空的山里娃　　　　　　　　077

逄子剑——根在基层　　　　　　　　　　　　　085

赵云飞——煤海深处，青春闪亮　　　　　　　　094

徐乃超——大漠戍边的情怀　　　　　　　　　　　　104

姜国强——金龙村的种菜能手　　　　　　　　　　　113

丁　姣——画出美丽人生　　　　　　　　　　　　　120

忻　皓——"行动并坚持"的22年环保路　　　　　　128

徐小松——大山深处绽放美育之花　　　　　　　　　130

邢　继——让"华龙一号"从概念变为现实　　　　　133

韩　超——潜行两万里　中国的"深海宇航员"　　　137

李　阳——让无人机成为未来战场的主角　　　　　　142

熊　丽——她的身影永远留在了抢险救灾一线　　　　146

董　艳——用诗歌打开乡村孩子的心灵　　　　　　　151

李伟达——把群众的"小事"当成自己的"大事"　　155

钟晓勇——让寒区矿山变青山　　　　　　　　　　　158

张　淼——轮椅上圆梦世界冠军　　　　　　　　　　161

徐晓峰——公益路上　永葆军人本色　　　　　　　　166

林恩辉——葡萄架下的致富之路　　　　　　　　　　172

廖竹生——逐梦乡村的"励志哥"　　　　　　　　　176

余小龙——追梦不忘乡亲们　　　　　　　　　　　　179

扎西嘉措——"电网达人"与他的"千里眼"　　　　183

刘　江——把科研论文写在"玉米大豆"试验田　　　186

林 超——"每一只兔子都有一个强国梦" 191

罗阳青年突击队——挥洒青春 逐梦蓝天 196

首钢集团冬奥服务保障青年团队——激扬青春 添彩冬奥 202

武警第二机动总队某支队五中队——英雄连队的新冲锋 206

紫丁香学生微纳卫星团队——为中国航天注入青春动力 212

东方超环团队——在科学小岛刷新世界纪录 218

中国建筑埃及新首都CBD标志塔项目青年工程师团队——
　　以"中国建造"唱响"一带一路"青春之歌 223

宝塔消防救援站——传承红色基因 永做人民卫士 228

孟祥飞——

矢志造重器　为国增底气

隆冬时节，国家超级计算天津中心却热火朝天。

天河超级计算机应用研发首席科学家、教授级高级工程师孟祥飞，正带领团队围绕"天河"新一代百亿亿次超算一次次创新攻关。

经过十几年如一日的努力，孟祥飞和团队将天河系列超级计算机打造成国之重器。

1979年，孟祥飞出生在山东临沂一个小村庄，从小品学兼优。2006年，孟祥飞考入南开大学理论物理专业攻读博士。

物理研究需要大规模计算平台支撑，当时国内超算资源不足，孟祥飞前往国外留学。

2008年，孟祥飞回国后，得知国家超级计算天津中心筹建的消息，他毅然放弃所有的工作机会加入新团队。

"一定要研发中国自己的'超算'！"这个念头，让孟祥飞作出了自己的人生选择。

那是一段艰苦的日子。超算中心连办公室都没有。孟祥飞和团队成员一起从改造机房、安装电缆、机柜等体力活做起。100多台机柜，他们用双手组装完成；为了在离地60厘米的机柜下接通信线路，他们躺在地上连续工作几个小时。

人员紧张，孟祥飞带头承担系统运维和晚间值班任务。暑热袭人，他待在还是毛坯房的值班室，没空调、蚊子多，陪伴他的只有闪烁的显示屏，实在累了困了，就在装服务器的大纸箱上躺会儿，白天继续开发测试。

没日没夜奋战7个月，"天河一号"超级计算机系统实现了稳定运行。在国外，这通常需要12到18个月。

2010年，在第三十六届世界超级计算机大会上，"天河一号"一举摘下了"世界最快"桂冠。听到消息，孟祥飞眼泪夺眶而出。

一切只是刚刚开始。当时国外专家质疑"天河一号"，认为"中国就是造了一台为排名而生的大型游戏机"；认为"天河一号"速度再快，没有应用到创新产业领域，也只是摆设。

孟祥飞知道，把超级算力转变为强大的生产力，才能让中国在世界"超算"领域立足。作为应用研发负责人，他立下了军令状："搞不好'天河一号'应用，我卷铺盖走人。"

如何让"天河一号"与应用软件兼容，为各个科技、产业创新领域构建对应的数字模拟系统或虚拟环境，成了拦在面前的一座座大山。

2010年，超算中心要在天河平台上搭建有关"药物筛选分子动力学模拟"的软件，这一软件可大大提升新药研发进程，最大的困难就是软件无法兼容。"几十万行代码，要找出问题在哪，相当于大海捞针。"白天，他和大家一起调试机器，晚上一个人默默坚守。经过20多天上万次测试，终于将一个不起眼的变量"揪"了出来，重新定义之后，成功了！

承担国际聚变能源开发计划项目，天津超算成为中国可控核聚变研究的重要支撑平台；构建我国第一个高分辨率雾霾预报准业务化平台；组织建设国家自主石油地震勘探数据处理平台、"材料基因工程"高通量计算平台……在孟祥飞和团队的努力下，"天河"如今支撑的各类重大重点项目2500余项，每天完成计算研发任务近万项，支持了众多世界一流研究成果以及产业技术突破。

在同事眼里，孟祥飞总是带着笑容，声音温和而坚定，身上有股打不垮的韧劲。在近百人的年轻科研团队里，大家都把他当成主心骨。

作为中心党组书记，每一次新成员加入，孟祥飞都要讲入职第一课："我们每一次努力、每一次创新，都在为中国增添一分底气，这也是我们作为科技战线党员必须肩负的责任。"

去年，面对突如其来的新冠肺炎疫情，孟祥飞和团队快速反应。经过两周不分昼夜的努力，世界首个新冠智能影像辅助诊断系统成功上线，为国内外200余家医疗和科研机构提供服务；他们研发信息平台，通过分析抗疫一线上传的数据，分析出中药对新冠肺炎病毒有效的原因，并找到有效成分。

"天河"超级计算机像一个超级大脑，可为各个领域创新提供强大支撑，技术攻关和应用研发除了超级计算领域，还涉及航空航天、气候气象、石油勘探、生命科学等，"只懂计算机远不够，必须要对具体领域有深刻理解。"

上下班路上、出差途中，孟祥飞永远在学习，他阅读了上百本各领域专著，汇总整理资料超过150万字。

常年高强度的工作让他养成了几个习惯：笔记本电脑基本不关机，可以随时打开工作；随身背着旅行包，可以随时出差；不午休，短暂空闲可以处理不少事情……

孟祥飞成为国家"十三五"首批"国家重点研发计划"高性能计算领域最年轻的项目负责人，先后荣获全国先进工作者、五四青年奖章、全国优秀共产党员等荣誉，入选"最美奋斗者"。

（作者为朱虹，《人民日报》2021年12月21日07版）

蔡晓东——

缉毒战场上，他从不退缩

云南西双版纳，这里既以美丽的热带雨林景观和傣族风情闻名于世，又因毗邻境外毒源"金三角"的特殊地理位置，成为中国边境禁毒斗争的最前沿。

2021年12月8日，蔡晓东同志遗体送别仪式在西双版纳傣族自治州景洪市泼水广场举行，众多市民举着黄色、白色的菊花，自发赶来送行。身为云南出入境边防检查总站西双版纳边境管理支队执法调查队副队长，蔡晓东几天前在抓捕毒贩过程中，与持枪毒贩殊死搏斗，身负重伤，经抢救无效壮烈牺牲，生命永远定格在了38岁。

沧江呜咽，雨林低垂。

送别仪式后，在警车护卫下，载着蔡晓东同志遗体的灵车缓缓驶往殡仪馆，前来送别的战友、群众紧随其后，自发在道路两侧筑起一道千米护送人墙，人们满含热泪，久久不愿离去……

中枪后，他仍强忍剧痛追击毒贩

2021年11月26日，西双版纳边境管理支队执法调查队获悉：有毒贩携带大量毒品入境，藏匿在边境一线。12月4日，经过前期摸排侦查，专案组决定收网。

当天13时许，边境密林中，全副武装的专案组潜伏在预定伏击地点。只听树叶被碰触的沙沙声越来越近，3名嫌疑人携带一个绿色背包进入设伏圈。

"行动！"话音未落，蔡晓东率先冲出，并大声喊道，"警察，别动。"

毒贩见状转身就跑，丢下装有31.8公斤鸦片的绿色背包，向境外方向逃窜。蔡晓东和战友们立即展开追捕。

突然，嫌疑人转身掏出枪，指向追上来的蔡晓东。"砰！"枪声响起。

"有枪！"蔡晓东一边高声呼喊，一边护住紧随其后的战友。

"砰砰砰……"枪声响彻山谷，虽然蔡晓东身着防弹衣，但还是被子弹打中了没能护住的肩、腿等部位。他强忍剧痛，英勇还击，在追出10余米后，因伤势过重，倒在地上。

"我能行……你们快去抓人……"面对赶过来救援的战友，蔡晓东强忍剧痛安慰大家，但他捂住伤口的左手指缝间，鲜血正不停渗出。

"队长，挺住！你别睡，千万别睡！"侦查员不停地呼喊着蔡晓东的名字。战友们拼尽全力轮番背抬蔡晓东下山救治。

救护车疾驰而来，医护人员对蔡晓东进行紧急抢救。遗憾的是，蔡晓东终因伤势过重，抢救无效，壮烈牺牲。

边境缉毒13年，参加专项缉毒行动358次

"他是缉毒战场上的拼命三郎，这些年出了几百次任务，他总是冲在前面。"西双版纳边境管理支队边境管理处副处长查中永含泪说道。

一次，顺着一起贩毒案件的线索，蔡晓东等人抽丝剥茧，锁定了抓

捕目标。

"行动！"踹开房门，蔡晓东第一个冲进去。屋里没人，但侦查民警在枕头下发现自制的炸药。时间紧迫，蔡晓东迅速部署大家埋伏，等待嫌疑人出现。20分钟后，一名个子很高的壮汉走了过来，蔡晓东想也没想就拦腰抱住对方。身高、体重相差悬殊，壮汉一个背摔将蔡晓东重重地砸在地上，可蔡晓东却依然死死抓住他不松手。队友们一拥而上，四五个人才控制住了犯罪嫌疑人。搜身时，大家才发现对方腰里的手枪已经上了膛。

多少次冲锋陷阵、多少次舍生忘死、多少次命悬一线，蔡晓东从没有在生死缉毒的第一线退缩过。

2017年7月，蔡晓东在工作中获悉，有人正与境外毒贩联系进行毒品交易，涉案金额高达1000万元，数量之大令人瞠目。经周密研判、深入排查，蔡晓东和侦查员最终锁定犯罪嫌疑人的信息和贩运车辆。

那天凌晨，目标车辆缓缓出现，却在进入查缉现场时突然加大油门强行冲卡，警方迅速行动将其逼停。车辆还未停稳，蔡晓东冲上前去，砸碎车窗，拉开车门，在侦查民警的配合下迅速控制住了犯罪嫌疑人。

短短几秒，惊险万分。清点毒品时，蔡晓东才发现自己右臂被车窗玻璃划出深深的口子，玻璃碎片扎在手臂上，鲜血直流。这是他破获的毒品案件中缴获毒品数最多的一次，一案缉毒169.7公斤。

破大案、抓毒枭、铲毒源……13年边境缉毒生涯，蔡晓东先后参加专项缉毒行动358次，侦办毒品案件247起，缴获各类毒品1609.56公斤。因工作成绩突出，他先后荣立一等功1次、二等功1次、三等功1次，并荣获优秀警官等多项荣誉。

选择了缉毒，就是选择了奉献

"队长常常跟我们说，他爸爸是老缉毒警，他不能给父亲丢脸。"蔡晓东所在支队执法调查队的一名民警说。

2006年6月，蔡晓东大学毕业后，毅然选择了与他父亲相同的职业。同样的早出晚归、同样的出生入死，蔡晓东在工作中慢慢理解了父亲的不易与坚守，也更懂得了自己身上的责任。

选择了缉毒，就是选择了奉献。一有案情，不论白天黑夜都要出警，加班加点更是家常便饭。有时一查案子就是十几天，根本无暇照顾家人。

蔡晓东的妻子知道边境缉毒工作充满艰辛和风险，但她始终理解和支持丈夫的选择。2020年底，国家移民管理局开展荣归荣调工作，蔡晓东完全符合政策条件，可他还是觉得舍不得大伙儿，希望和大家一起战斗。

蔡晓东牺牲后，中央政法委印发通知，号召全国政法机关和全体政法干警认真学习蔡晓东同志的先进事迹和崇高精神。云南省委追授蔡晓东同志"云南省优秀共产党员"称号。云南省人民政府批准蔡晓东同志为烈士。共青团云南省委、云南省青年联合会追授"云南青年五四奖章"……

在祖国的西南边陲，为了百姓的平安，生死较量从未停歇。建队70余年来，云南出入境边防检查总站先后有180余人牺牲在一线。他们的姓名和功绩，筑起了一座座信仰的丰碑。

（作者为张璁，《人民日报》2022年04月04日04版）

杨 宁——

把最美好的时光献给家乡

"泉水西瓜的秧苗都种下去了吧？可千万不要耽误了！"正是春耕时节，广西壮族自治区柳州市融水苗族自治县安陲乡江门村党总支书记、村委会主任杨宁最近正忙着帮村民平整土地、育苗播种，挨家挨户督促进度……

2010年，刚从广西大学毕业的杨宁毅然选择回到家乡——国家扶贫开发工作重点县融水苗族自治县安陲乡江门村。从当初的大学生村官到如今的江门村发展"第一责任人"，杨宁把最美好的时光献给了家乡，十二载青春年华一路奋斗，带领家乡人民勤劳致富，创造美好生活。

"但我最终还是选择回来，坚信一定能做出成绩"

"回到家乡，是我从小就有的想法。在我脑海里始终刻着这样一幅画面：那时我刚刚考上重点初中，要去县城里上学；我和童年的小伙伴们一起站在村里最高的山坡上，望着这个宁静的小村庄约定：将来有机会一定回到家乡来。"杨宁说。

这样的想法，与杨宁的成长经历有关。江门村位于大山深处，位置偏僻、交通落后、土地贫瘠。"从小父母就外出打工赚钱养家糊口，我是奶奶一手带大的。"杨宁说，因为奶奶身体不好，村里人多有帮衬。

"其实，当时南宁也有几家公司给了工作机会，工资待遇也不错，但我最终还是选择回来，坚信一定能做出成绩。"杨宁说。

然而，真正回到村里，现实和杨宁的想象大不一样。当时村里的办公条件很简陋，村委会只有一台老式电脑，还是乡政府淘汰下来的，所有的办公文件都靠手工抄写。

这些没有难倒杨宁。交通不便，让她更贴近群众——每次出山都顺路搭乘老乡的摩托车；村里电脑不行，就用自己上学时的电脑；到村里的第一年，杨宁将所有的文件材料都电子化归档，让村委会实现无纸化办公。宣传防火防盗、帮村民填表格……通过给村民办的各种小事，村民们逐渐认可了杨宁。

"脱贫攻坚任务艰巨，能够贡献一己之力是我的荣幸"

"过去的江门村很穷。有一次，我到镇上，看见村里的阿婆带着两个娃到镇上卖山货，三个人点了一碗粉吃，吃完后再用粉汤泡着自带的冷米饭，分着吃才填饱肚子。"杨宁回忆。后来她了解到，阿婆一家每月的生活费只有100元。

帮助乡亲们过上更好的生活，是杨宁一直以来的目标。杨宁开始尝试着带领乡亲们创业改善生活。正当此时，脱贫攻坚战打响，"如同久旱的大地迎来了甘霖。"杨宁说。产业发展有了希望，政府出台了支持乡村产业发展的新政策，村民只要发展产业就能领到产业奖补；交通设施有了改善，村里的泥巴路成了水泥路，以前通摩托车都费劲的村里能进出汽车了；村委会办公条件有了改善，电脑更新换代，连打印机、复印机都装上了……

恰好这个时候，杨宁的6年任期到了。"脱贫攻坚任务艰巨，能够贡献一己之力是我的荣幸。我选择留下。"2016年，杨宁当选村党支部委员，次年当选村委会主任。

脱贫攻坚，产业发展是突破口，产业发展起来了，村民们的口袋才能鼓起来，对此，杨宁思路清晰。"杉木、土鸡、高山优质稻，都是立足我们大苗山的实际定下来的扶贫产业，只要大家跟着干，不仅产品包销售，还能领产业奖补。"

可还是有村民不放心，"种不好、养不好怎么办？""到时候突然不回收了怎么办？"……面对各种疑虑，杨宁决定自己带头。"我和村里的党员干部带头，率先发展特色扶贫产业，并向村民承诺，如果出了问题，损失我们来兜底。"杨宁说。村民被打动了，选择跟她一起干。

产业发展有成效。江门村昼夜温差大，种出的西瓜品质格外好，泉水西瓜成了江门村的招牌。杨宁组织村里留守妇女成立"苗阿嫂种养专业合作社"种西瓜，每亩地的收益从不足1000元提高到近4000元，带动十几户贫困户脱贫；她还带领江门村60多户农户种植香糯，通过"稻+鸭+鱼"共生的模式，每亩增收1500多元……2020年，江门村实现94户326人全部脱贫，杨宁也当选了江门村党总支书记。

"我无悔当初回乡的选择，农村广阔天地真的大有可为"

机器轰鸣，人影晃动，晚上11点多，江门村腊味加工厂二期工程仍在紧张开工……"村里的腊味加工厂一期已投入使用，二期预计也很快建成。村里还规划了乡村振兴农产品深加工示范园区，已完成了选址。"

杨宁说。

"脱贫只是起点，乡村振兴是新的战场；我们要加快推进，让乡亲们过上更好、更富足的生活，我要在乡村振兴的主战场上继续贡献青春力量！"杨宁说。

"随着村里农产品加工能力的提升，电商服务中心也会进一步升级发展，这个平台将发挥更重要的作用。"杨宁说，2016年起，她联手融水县的6个大学生村官成立电商服务中心，至今已帮助村民销售特色农产品900多万元。

从穷乡僻壤的深山苗寨，到如今瓜果飘香的世外桃源……看着家乡的变化，杨宁觉得一切付出都是值得的。"我无悔当初回乡的选择，农村广阔天地真的大有可为。"杨宁说，希望能有更多的年轻人到农村来，有人才才有未来。

"我家是江门村脱贫户之一，杨书记的辛苦付出我们都看在眼里。正是受到杨书记的影响，当大学毕业时，江门村村民合作社聘请我回村，我毫不犹豫同意了。"2021年回到江门村工作的梁樱林说，"我们坚信，只要大家一起努力，江门村的明天一定会更美好。"

"全国脱贫攻坚先进个人""中国青年五四奖章""全国优秀党务工作者"……工作突出的杨宁，各种荣誉纷至沓来。"这些荣誉既是鼓励更是鞭策，让我深感自身背负的职责使命，我要更加脚踏实地，开启全新征程。"杨宁说。

（作者为李纵，《人民日报》2022年04月14日07版）

王召军——

焊光闪烁，记录拼搏青春

晨曦微露，星星隐没。施工现场，最后一道焊口上的焊光熄灭，大庆油田工程建设公司的焊工王召军和他的徒弟王天明几乎同时摘下面罩，相视一笑。

"不错！焊接纹路规整。"王召军仔细检查焊道之后说："天明，你记住，焊道就是咱们焊工的签名。签了名，就要为自己的工作负责。"

焊道，是指金属焊接形成的焊缝。"焊道就是签名"，这句掷地有声的话正是他们焊工的信条。

一

2002年，高考失利的王召军坐在房间里，等着父亲责备自己。那天，一直等到晨光微亮，寂静中才响起脚步声。父亲推开门，默默坐到他的床边。

王召军不敢看父亲的眼睛。令他意外的是，父亲一改往日的严厉，轻轻拍着王召军的肩膀说："路，都是自己走的。从现在开始，你要牢牢记住：脚下的每一步都是未来。不管以后干啥，要有三不做：不做眼高手低的人，不做怨天尤人的人，不做满腹牢骚的人！"

父亲的话，王召军似懂非懂。他很想看清楚自己的未来到底是什么样的，可是眼前只有朦胧的晨光。

思前想后，王召军最终选择去技校学焊工。他铆足劲儿练习，每天弯着腰一头扎在工位上，同样的技术动作别人练一遍，自己就练十遍、百遍。尽管如此刻苦，第一次到工作现场，王召军还是被上了一课：现场的老师傅们为了施工进度，几乎都是风里来雨里去。在焊储油罐的时候，一个小小的气孔或者砂眼，都会成为安全隐患。这样的高强度和高标准，是他在学校里没见识过的。

王召军观察着师傅，在心里默默记下师傅的技术动作。一段时间下来，他觉得自己已经摸到了门道，就跟师傅提出想要自己上手试一试。师傅直接拒绝了他："现在施工的是注水管线，一旦出问题，项目要受大影响。"王召军觉得师傅太过谨慎，转头指着储油罐下的底座说："师傅，你要是信不过我，那让我先试一下这个底座吧。这个我肯定没问题。"师傅想了想，点头同意了。

王召军暗下决心：一定要把这个焊道焊好，让师傅承认自己！第二天凌晨4点，他顾不上洗脸，更来不及吃饭，早早到了现场，一干就是整整一天，终于在快下班的时候完成了焊接工作。王召军骄傲地摘下面罩，期盼得到师傅的赞许。一回头，却只看见师傅阴沉的脸。师傅没说话，接过他手里的焊枪，把焊道从头到尾返修了一遍。

"怎么，不服？"看着一脸委屈的王召军，师傅问。

"师傅，这个底座焊道有三十米，我一天就焊完了……"王召军觉得自己的速度是没问题的。

师傅在他身边坐下说："你光想着速度快，不想质量问题。作为焊工，焊道就是签名。咱们每一道焊口都要经得起检验。你想想，在学校，焊接练习都是在工位上，焊件都给你摆好了，让你在最舒服的姿势下焊接，最多也就是弯着腰。在现场，你也看到了，咱们得趴着、跪着，适应焊件的角度。姿势不一样，你就拿不出培训时的水平。本事不够，可以再练。态度不认真，是大忌。"

这一番话，王召军深深地记在心里，从此更加刻苦，只要有机会就给自己加码练习。王召军始终坚信：把简单的动作重复百遍、千遍，才能成就精品。日复一日的苦练，让王召军的焊接误差远远低于国家标准规定的误差值，精细堪比工艺品。他的技艺不断精进，师傅赞许的笑容也一天比一天多。

二

王召军很满意自己的成绩，可是师傅总时不时地提醒他："只有完美的焊道，还不算是一个优秀的焊工。"

一年秋天，师傅告诉他，石油工程建设系统在广西桂林举办了全国青年焊工选拔赛。"比赛的前三名能晋升工人技师，你能进前三就行了。"

"师傅，我能拿第一。"王召军觉得师傅对自己期望太低。他看着自己完成的焊道，胸有成竹地说。

师傅摇摇头，告诫道："人外有人。不要自视太高。"

比赛结束，王召军只得了第四名，他郁闷地回到师傅身旁。师傅见徒弟有些泄气，安慰他说："比赛输了，对你来说也是好事儿。干好焊接，不是光凭着一股子猛劲儿就可以的。你还要不断接触新的工艺理论、学习特殊材料焊接技术，把理论应用到实践中。这次比赛输在哪儿，咱们就补哪儿。在哪儿跌倒，就从哪儿爬起来！"

师傅的话句句点在心坎上。从此一到休息时，王召军就抱着焊接理论书看。为了学到更专业的知识，他还报考了成人高考的焊接专业，拿到了本科学历。

三年后，王召军再一次接到全国比赛的通知。这一次的比赛地点还是广西桂林。想到上次桂林选拔赛的失利，王召军深深吸了一口气。但是，这几年的时间，自己从没有放弃过，一直在踏踏实实练技术，认认真真学理论。他想，这一次，一定要证明自己。

汗水终得回报。王召军在比赛中获得了冠军。同年，他荣获"全国五一劳动奖章"。当祝贺的掌声响起，王召军理解了师傅的话：每一道焊口就是人生的一步路。

一转眼，到了2011年春天。这一天，王召军还在工地上忙碌，项目经理叫住他，递过来一份文件。王召军看了一眼，上面赫然写着："嘉克杯"国际焊接技能大赛。

走上国际赛场，这件事王召军还没想过。但机会到来时，他一点都没犹豫。接下来的日子，王召军除了练，还是练，就连吃饭的时候都要拿着筷子当焊枪比画一下。他知道，只有高度的专注才能达到最好的状态。

比赛的日子越来越近，领导邀请在这边技术交流的外国专家为训练效果查漏补缺。外国专家仔细查看王召军的焊件，转头问翻译："这个是谁焊的？"

得知是眼前这位年轻人的时候，专家握住王召军的手，突然捏了捏他的胳膊。众人一时诧异，不明所以。专家则笑着问翻译："我想知道，这个胳膊里是不是装了机械？他的焊道像机器操作的一样规整！"

这一番话，让王召军对未来的比赛信心十足。可很快，比赛组委会就通知参赛选手，比赛内容有更改。之前训练积累的经验一下子作废，此时距离比赛只剩二十天的时间。王召军内心忐忑地回到家。父亲听他说明了比赛的情况，对王召军说："缓解压力的唯一办法就是解决问题。只要你为自己真正拼搏过、努力过就行。不要害怕规则的变化，要努力为成功想办法。"

王召军又一头扎进训练场。

功夫不负有心人。2011年9月，当裁判宣布"嘉克杯"国际焊接技能大赛技师组钨极惰性气体保护焊单项第一名是王召军的时候，眼泪在王召军的眼眶里打转。

荣誉是对勤奋的嘉奖。载誉归来的王召军被寄予厚望，公司成立了以他名字命名的工作室，为青年焊工解决工作中出现的疑难问题。

三

2012年的一天，王召军走进焊接培训教室。角落里一个专注的年轻人吸引了他的注意。他就是出生于1993年的焊工王天明。

刚拿起焊枪不久的王天明控制不好焊接温度，手法也不熟练，正在发愁。听到有人搭话，他头都没抬一下。

没想到，来人三言两语，就点破了王天明技术的症结所在。他一个激灵，猛地抬起头，认出眼前这个人正是同行们口中的"焊王"王召军。

"师傅！"王天明脱口而出。

这一声"师傅"，还真就让王召军收下了王天明这个徒弟。王召军很喜欢这个年轻人拼搏的劲头，一个动作一个动作地帮他纠正，一个焊件一个焊件地辅导他训练。白天，王天明跟着师傅认真学习，把师傅纠正过的焊件用手机拍照，晚上睡觉之前一遍一遍地看，反复琢磨哪里焊得不好。他把自己琢磨出来的问题都记在笔记本上，一有时间就向师傅请教。

这一天休息的时候，王召军看见王天明正在翻看一沓打印的资料。

"看什么呢？"王召军问道。

"师傅，那天你讲课的时候提到，摇把焊技术现在会的人还不多，我上网找资料了解了一下。我还想多接触一下特种材料焊接技术，以后能用得上。"看着眼前努力的徒弟，王召军像是看见了当年的自己。

"师傅，我听说……"王天明停顿了一下，欲言又止。

"你听说什么？"

"我听说你当初也是高考没有考好，然后……"

王召军笑了："你这个'也是'很说明问题呀。"

"你是怎么一步一步走进国际赛场的？我也想像你一样。"王天明鼓足勇气，说出了自己的想法。

"这个问题嘛……"王召军笑了笑："人生是一次长跑。你看到的是成绩，但成绩的背后是对日常的敬畏之心，每一天都要把事情做好。焊口是焊点组成的，人生也是一样，你要认认真真走好每一步。"说着，王召军递过去一份文件："想和我一样，就上赛场试一试。"

这份文件，正是2013年"嘉克杯"国际焊接技能大赛的通知。

这份通知一下子点燃了王天明的斗志。他一门心思扑在训练上，白天在工位上苦练技术，晚上回到宿舍补习外语。临近比赛，王天明提前到举办地德国进行适应性训练。他白天把训练中遇到的问题拍下来，晚上回到宿舍，通过网络和身在国内的师傅交流。由于时差，他们的交流总是从夜里12点开始，直到凌晨才结束。尽管备赛很辛苦，但有了师傅的指导，王天明底气十足。

终于，登上赛场的日子到了。王天明将与来自二十多个国家的近百名顶尖焊工同台竞技。这次比赛和师傅之前参加的不同，采用全开放式赛场，现场允许所有人近距离参观、拍摄。这让王天明有点紧张。他稳住心绪，盯紧自己的焊道，高度的专注让他周围仿佛一下子变得寂静无声。

比赛结束，王天明觉得周围又恢复了嘈杂。突然，在嘈杂声中，王天明似乎听到了自己的名字，接着他看见周围的目光都投向了自己。当听到钨极氩弧焊第一名得主是自己的时候，他几乎要振臂呐喊！他握紧拳头，向空中挥了挥，他做到了！

青年焊工王天明，终于和师傅一样，代表中国，站在了国际赛场的领奖台上。

四

获奖之后，王天明最想做的，就是像师傅一样，把比赛经验应用到生产中去。

2014年3月，王天明参与的工程项目进入冲刺阶段，必须在十二个小时之内完成三十八处焊接工作。否则随着气温下降，施工现场的情况会变得更复杂。同时，项目管线错综，地下不断返水，给操作带来额外的困难和危险。王天明带领"青年突击队"充分做好安全保障和前期检测后，拿着气焊枪、焊把轮流施焊。他充分运用参加大赛时总结的对称式焊法、摇把焊等技术，提前三个小时完成攻坚任务。

几年后，师徒二人又一次在工作中相遇了。王召军带领的"尖刀队"

和王天明带领的"青年突击队"向着大兴安岭进发。他们的目标是重要原油管道工程——漠大二线。

这又是一次攻坚战。

项目的具体位置是大兴安岭新林段滚兔岭。这里的施工空间小，焊接难度大，是连续坡度最长的一段管道焊接任务，也是施工难度最大的区段。3月的大兴安岭，气温仍然在零下三十多摄氏度。严寒让机械难以施展，容易拖慢施工进度。而工程要求必须在5月之前完成主体焊接，否则就会错过后续施工的最佳季节，影响投产。

这样的重点工程，技术参数要求极其严格。更重要的是，这里的管线需要采取下向焊的方式，这要求焊接速度必须快上加快。火车上，师徒二人一夜未眠，争分夺秒地研究在坡度地势下怎样改进焊接方法，压缩施工时间，提高焊接质量。

尽管提前了解过地形，到了现场师徒二人还是倒吸了一口凉气：施工难度远比想象中更高。山路蜿蜒，他们只能徒步勘察地形。

王召军其实不是第一次在这个地区参加项目施工。上一次他施工的位置是一处沼泽。虽然当时的严寒也造成了不少麻烦，但和眼下的情况相比，沼泽至少还算是平地。王天明站在师傅身边，看着汽车往山上一台一台拖设备，惊道："师傅，我看这山坡得有三四十度。"

"不止。"王召军指着不远处的山坡说："那边能有六七十度，而且山上全是碎石。这样的情况下，焊接速度和质量都容易出问题。看来咱们预想的还是简单了。明天再早点到现场。"

第二天，早上5点不到，师徒二人已经站在山坡上开启了设备。设备在零下三四十摄氏度的山坡上放了一夜，按钮按下去几乎没有任何反应，经过两个小时的预热，才一点点开始启动。

为了适应山体的坡度，师徒二人只能单膝撑地或者仰面斜躺，进行焊接作业。遇到角度更大的地方，还需要借助板凳、木墩支撑在身体下面。两个人始终保持焊接姿势一动不动，硬是在寒风中累出了满身大汗，尤其双手，一会儿就麻木了。他们搓搓手、跺跺脚，把稳焊枪，又投入紧张的工作中。师徒二人各自施展绝活，仅用十天时间，就完成了该区段两公里多的管道焊接任务。

当焊光熄灭，王召军和王天明共同在漠大二线上留下了他们的"签名"。

项目结束了，但师徒二人对技艺的追求还在继续。

师傅王召军继续大胆创新，发明了五十多项革新成果，其中七项获得国家新型专利。徒弟王天明像师傅当年一样，不断精进，陆续获得了"全国青年岗位能手"等荣誉，又作为黑龙江省第十二届青年联合会副主席，策划了"龙江工匠"走近青年的活动，用自己的实际行动，把工匠精神传递给更多年轻人。

（作者为宋明珠，《人民日报》2022年07月16日08版）

何英豪——

青春在机床旁闪光

夜已深。浙江省台州市黄岩区第一职业技术学校的模具实训室里，依然灯火通明。为了让一个模具工件的抛光达到镜面效果，实训教师何英豪正手把手指导学生。

"这一步需要纯手工完成，狭窄的角落也不能忽视。"何英豪叮嘱学生。

实训室里闷热得很，汗水一滴一滴落下来。但他们毫不在意，似乎已忘记这是在7月的夏夜里。

模具使用的材料是"45号钢"，硬度不算高。抛光不仅讲究方法，更需要耐心细致、控制好时间。在学习初期，学生对抛光没有概念，手法生疏，这需要大量的训练才能慢慢提高。

先用油石把模具成型面的机床加工痕迹处理掉，然后用砂纸打磨，用羊毛球上光，最后清洗收光。每一步都要小心翼翼，一边观察，一边操作。

一次操作，需要两个小时；而手法训练，一般需要两年时间。

打磨抛光，只是模具制造这一行里的一个小步骤，但它是每一个从事这一行当的工匠都必须掌握的技能，要运用得娴熟，不是一件易事。

"看起来越是简单的事，要做好，反而越是不容易。"何英豪说："我们这一行，容不得一点浮躁。只有把每一个环节都一丝不苟地完成好，才算是合格的工匠。"

一

"你真的想好了要去上技师学院？"父亲问他。

"想好了。"何英豪说。

"你能耐得住性子吗？"

"爸爸，你做的事情不就是这样吗？我在你的车间都体验过了。"

何小刚笑了。他是浙江宁波一家汽车部件公司的数控车间主任。几年前，因为技术过硬，他获得宁波市镇海区职工职业技能大赛"数控车工技术能手"的称号。

何英豪1998年出生。初二那年暑假，因为担心他一个人留在家里不安全，父亲何小刚把他带到了车间。

起先是想让他在一旁写写暑假作业，没想到何英豪对机床感兴趣，这儿摸摸，那儿看看，好奇心强的他还拉住老师傅问这问那。

这是一个生产汽车部件的工厂。对于初次接触工厂环境的何英豪来说，一切都是新鲜的。在老师傅的带领下，何英豪很快学会了一些简单操作。

何小刚见儿子感兴趣，干脆就教他操作机床，制作简单的小零件。其中有一个零件，是柴油发动机中的"惰齿轮轴"。看着巨大的钢铁机器，在自己的亲手操作下做出一个零件，何英豪兴奋不已。

然而，一段时间后，最初的新鲜感慢慢消失了，何英豪开始觉得工厂环境有点枯燥。可他也发现，每一次下班，父亲都走得很晚。当其他工人离开车间后，父亲还在逐一检查生产的零件，如果机床打扫得不干净，他会重新打扫和整理。

这个细节让何英豪很感动："我才来了一个多月，就觉得枯燥了。父亲做了十几年，还这样尽职尽责。"他感到，自己要向父亲学习的东西还很多。

2001年，何小刚从湖南邵阳来到宁波打工。一无文凭，二无技术的他，凭着勤奋好学，成了技术能手。当时，厂里派何小刚参加镇海区职工技能大赛，他获得数控机床项目的三等奖。第二次参加技能大赛，何小刚不负众望，斩获"技术能手"称号。后来，他又通过考试，捧回制图员、数控车工的高级技能职业资格证书。

2014年，何英豪初中毕业。人生的关口处，一道选择题摆在了他的面前：到底是读高中考大学呢，还是去技师学院学一门技术？

只有16岁的何英豪，没有想太多，就选择了就读技师学院。理由很简单，浙江是制造业大省，宁波到处都是机械五金工厂，学模具设计与制造这个专业，将来会有用武之地。

更重要的是，他从父亲身上看到：做一名工匠，对国家和社会是有贡献的。无论从事什么工种，只要认准一件事，干一辈子，千锤百炼钻下去，都可以成就一番事业，在平凡的岗位上，也能干出不平凡的成绩。

二

当下人们生活中的用品，大部分都离不开模具，从最简单的脸盆、冰箱、电脑、打印机，到汽车和摩托车发动机的金属外罩，都是用模具做出来的。生产一台汽车，要用到各种各样的模具大约两万个。

那么，模具本身又是如何制造出来的呢？拿到一个产品的图纸，需要用逆向思维去推导和设计能做出这个产品的模具。先用软件设计，再用毛坯料加工。这里所涉及的工序很多，大致有车、铣、热处理、线切割、激光刻字、抛光等。

何英豪开始频繁地跟模具打交道。他学得很认真，但偶尔也会觉得，这个工作每天就是把模具摆弄来、摆弄去，似乎有点儿沉闷。

有一次，何英豪回家休假。饭桌上，父母亲聊到了当初父亲刚到宁波时没找到工作，在街头彷徨的往事。何小刚深有感触地说："只要踏踏实实学习，踏踏实实做事，是金子一定会发光的。"

这句话给何英豪留下了深刻印象。后来，每每对自己的选择有点动摇的时候，或者是有点心浮气躁的时候，何英豪都会想到这句话，想到父亲的经历。他对自己说，要沉住气，要耐得住寂寞，要把手艺练好，这是最重要的。

技师学院曾有两名优秀的学生在世界技能大赛的全国选拔赛中脱颖而出，这件事点燃了何英豪心中的梦想。他决定报名参加学校的竞赛小组，他更想进入国家集训队实训学习。

世界技能大赛的实训过程，就是一名优秀工匠的"炼"成过程。第一步是看图纸、画图纸；第二步是对着图纸独立实训、找出问题、总结分析；第三步要训练出强大的心理抗压能力。

如果是在工厂里，工人只要负责自己岗位的工作即可——制图的只负责画图，数控加工的只负责加工，抛光的只负责抛光……但是，参加世界技能大赛就等于要做一名"全能型选手"，整个环节的每一个步骤，都需要一个人独立完成，每一步都要求极高。

经过选拔，何英豪如愿以偿进入了国家集训队实训学习。每一天，他都把时间花在实训室里。每个周末，他只在周五晚上回一次家，第二天又返回集训队，继续训练。就连节假日，他也放弃了旅行与休闲，每天都是高强度的训练，结束后还要和小组成员分析当天出现的问题。这样的状态，持续了一年半时间。

正是在这样的训练中，何英豪发现，自己越来越像父亲了。为了解决一个技术难题，有时候他会待在机床边，从早上一直到深夜。每一个问题，都需要认真地、缜密地去解决。有时候，他会想起在父亲车间里看到的那幕场景：所有人都下班回家了，父亲还在慢慢地检查车间，用目光抚摸每一台沉默的机床。

三

2018年，何英豪在第四十五届世界技能大赛全国选拔赛中，夺得第五名的佳绩。次年，他来到台州黄岩区第一职业技术学校任教，成了一名模具实训指导教师。

黄岩是台州的老工业基地，模具产业发达，被誉为"中国模具之乡"。随着中国制造业的不断进步，模具制造的工艺也在不断提升。在智能模具小镇，聚集着大大小小上百家模具企业。汽车模具、微发泡大型模具等各种模具，这里一应俱全。

2020年，何英豪参加浙江省职业技能大赛，获得第三名的好成绩。此后，他被浙江省人力资源和社会保障厅授予"浙江省技术能手"称号，被共青团浙江省委授予"浙江省青年岗位技术能手"称号。

成为模具实训教师后，何英豪开始培养更多的年轻工匠。通过两年多的训练，他的学生孙嘉成、管邵惠在全国职业院校技能大赛上取得佳绩。两人毕业后，一人到黄岩当地的模具企业工作，成为生产一线的骨干力量；另一人进入上海一家航空航天公司，参与火箭制造的阀门零件检测工作。这两年，何英豪指导的学生在国家级、省级技能大赛上频频获奖，他自己也被竞赛组委会评为"优秀指导教师"。

何英豪明白，学生们终究都要走上工作岗位，为社会服务。因此，他主动与企业联系，了解行业对技能的要求。利用周末，他去黄岩当地的模具厂参观学习，与企业师傅沟通交流，把社会需求对接到校内教学上来。

制造业如何面向未来，是何英豪经常与学生们一起交流的话题。他说："我们国家的建设，需要大量的专业技术人才，需要无数的工匠，尤其是高技能人才。舞台很广阔，关键是要有工匠精神，脑子里的观念要新，手头上的技术要硬。"

建大桥，造火箭，什么样的大工程，都离不开一个个小零件。只有把每一个小小的部件做好了，才能支撑起一座大桥、一枚火箭。父亲跟何英豪说过的那句话，他一直记在心里，现在，又讲给他的学生们听。

这个暑假，何英豪陪着学生们一起，把时间全都泡在模具实训场地。他已经很久没有回家了。

汗水落在机床上。正在打磨的模具像镜子一样闪闪发光，映照出几张年轻的脸庞……

（作者为周华诚，《人民日报》2022年08月17日20版）

葛　军——

邮政"天路"上的信使

眼前这汉子，个头一米八，魁梧壮实的身材，把墨绿色的邮政服撑得紧绷绷；爱笑，性格爽朗，一咧嘴，门牙已掉了——这些都是多年奔波高原留给他的印记。

坐上他的邮车，奔赴青藏线：从格尔木出发，翻越莽莽昆仑山，再穿过可可西里无人区，最终到达"雄鹰都无法飞过"的唐古拉山镇。这条邮政"天路"，中国邮政集团格尔木市分公司投递员葛军独自跑了11年。

一

东方渐晓，一早驶出格尔木市区，南行40公里后，"南山口"几个大字赫然入目。从这里开始，我们的邮车驶离了广袤的柴达木盆地，横亘眼前的便是千峰壁立、万仞雄峙的昆仑山脉。

"横空出世，莽昆仑，阅尽人间春色。"这座"万山之祖"，留下过多少千古咏叹——

20世纪50年代，慕生忠将军率领筑路队，就是从格尔木出发，以每公里倒下10峰骆驼的代价，一寸一寸征服了莽莽昆仑，将砂石路铺到千万年来无人涉足的可可西里深处，将红旗插上唐古拉山口。

长天流云、群山飞度，如今脚下是已经柏油化的青藏公路。"路好了，沿线群众对通信的需求也越来越强烈"，葛军如数家珍：2009年，中国邮政集团格尔木市分公司就正式开通了格尔木市至唐古拉山镇的汽车投递邮路，"沿途共有23个交接点，单程419公里，平均海拔超4500米，为沿线单位、群众提供邮件寄递、物资运送等服务。"

然而，邮政"天路"绝不轻松。短短一年后，首任投递员就因身体不堪重负而退出。彼时，正在邮局做柜台营业员、"风吹不着日晒不着"的葛军，无意中得知"格唐邮路"急需人员递补，那一刻的他，"耳朵嗡嗡响，血液往上涌"，拔腿就往总经理办公室跑。"我是党员，是退伍军人，在部队时就熟悉车辆驾驶和维修，进入系统后也干过邮递员，知道咋跟牧民群众打交道，爱往基层跑，不怕吃苦，我报名，跑'天路'！"葛军一番"连珠炮"，很快心愿得偿——此后11年，每周一趟，来回两天，往返千里，风雪无阻。

可是我们心中却不禁打起问号：这条被常人视为畏途的邮路，葛军为何甘愿"自讨苦吃"？

二

突来的颠簸，打断了思绪。

邮车驶出柏油路，在砂石"搓板路"上扬起一阵沙尘，"三岔河大桥交接点到了。"停车，从驾驶舱往下一跳，顿觉天旋地转——一问海拔，"4050米，干啥都悠着点。"

这里是青藏铁路全线第一高桥，大桥桥面距谷底54.1米。汽车在桥下走，火车在桥上过，形成了青藏公路和青藏铁路交会的奇观。某执勤部队常年驻守在这里，这里也是"格唐邮路"的投递点之一。

上桥，有两条路线：一是开车走盘山"搓板路"，路远难行还危险；二是徒步爬一条直通桥上的水泥台阶，150级，坡度近70度，被执勤部队官兵形容为"天梯"。高海拔下，二十来岁的年轻战士，走"天梯"都会头晕目眩，而1976年生人的葛军，为节省时间，每次都选择扛着邮包往上爬。

只见他跳下车，将两个20斤重的邮包系在一起，做成褡裢，搭到肩上，再弓起身，左手紧握栏杆——他有意锻炼左手，吃饭时也是左手执筷，"常年工作在高海拔，反应都迟钝了，这样好刺激一下脑细胞"——右手则小心翼翼地扶着胸前的邮包，头往下深埋，像极了耕地的老黄牛。

三岔河大桥位于昆仑山腹地小南川和野牛沟的汇合处，是个风口。葛军呼哧呼哧喘着粗气，用力按了按太阳穴，继续攀爬。突然，一阵狂风吹来，葛军赶忙两只手抓稳栏杆，稍顿，又继续往前，用了快20分钟，才爬完这150级台阶。

"葛班长！葛班长！"营区里的战士们跑出来，纷纷抢过沉重的邮包，扶他坐进营房。葛军神神秘秘："轻点拿！里面有好东西。"战士们已喜上眉梢——打开一看，是一块精心包装的生日蛋糕！

"葛班长"不是白叫的。18岁时，葛军去陕西做了汽车修理兵，部队驻地在渭南市大荔县，浩浩汤汤的黄河水从县城东部流过，浇灌着关中沃野上的"白菜心"。有一年冬季，黄河龙门至潼关段河道壅冰，严重威胁着防洪堤坝。"大堤外面就是村庄和农田，保障群众生命财产安全，咱军人义不容辞！"飞机破空，投下炸弹击碎厚重的冰层，葛军和战友们一声令下就往河道里冲，任凭数九寒天冰冻刺骨的河水浸透了棉袄，一个个肩挑背扛清理浮冰。"在坝上干了半个月,抢险大军没有一个官兵叫苦叫累,冲在前面的永远是连队领导,发馍馍时他们却是最后一个吃。"葛军再不复方才的疲惫神态,眼里仿佛射出光:"那种情感,一辈子都忘不了,当兵改变了我一生。"

军营四年寒暑,急难险重冲在前的昂扬斗志,是葛军"退伍不褪色"的价值追求——我们豁然开朗:主动选择"格唐邮路",葛军并非一时冲动,而是精神基底的光芒闪现。

每周一次,他帮年轻战士们送信、寄信,交流多了,渐渐知道了战士们的需求。这块蛋糕,是给战士们本月过集体生日用的,葛军每月一送,已是无声的约定。

战士们集体"啪"的一声,站得笔直,向"葛班长"敬了军礼。而他起身,拍拍小伙子们的肩膀,扭头就往外走。

"葛班长,跟我们一起吹蜡烛吧。"战士们挽留。

"还有邮件要送呢,下次一定参加。"

大伙不答应,这"借口"想必葛军已用了不少遍。而"葛班长"说一不二,背上空邮包,裹紧大衣,挥手就出了门。

三

从三岔河南行,经一小时跋涉,我们到达了海拔4768米的昆仑山口。路旁,索南达杰烈士雕像巍峨矗立,身后那片广阔苍茫的大地,就是可可西里。

行邮至此,对葛军而言,还有一番"家风传承"的意味。

原来,20世纪50年代,葛军的爷爷响应国家建设大西北的号召,从上海来到青海，进入邮政系统，服务青藏公路建设，公路建成后就把家安在了格尔木。70年代，葛军的父亲顶了班，曾被派驻到唐古拉山镇邮政所，一待就是5年——算起来，葛军已是这个"邮政世家"的第三代。

不冻泉、索南达杰保护站、楚玛尔河大桥……行驶在可可西里，葛军仿佛看到了父亲在青藏线上奔波的身影：记忆中的父亲，戴着深绿色邮政大檐帽，穿着板正体面的制服，清瘦、干练。"那个年代，谁家生活都紧巴，但经父亲之手寄出去的米、面、油，从来没有短过一两半钱。"踏踏实实做人、兢兢业业做事，是葛军从父亲身上学到的理。

一路畅聊，我们对葛军选择邮政"天路"多了一分理解，也平添一分敬重：也许父辈的坚守，早已在他心底扎下了根。

而他比父辈走得更远：昆仑山、唐古拉山、祁连山，这三条横亘青海72万平方公里土地上的巨大山系，都留下过葛军的足迹。

1998年，葛军从部队退伍，如愿考上青海邮电学校，毕业后被分配到海北藏族自治州工作。领导问起工作意愿，葛军不假思索："我想去基层锻炼！"

他被分配到了祁连县邮政局，每天骑着自行车，负责县城周边15公里范围内的邮件寄递，做好本职工作之外，也学到了与基层牧民打交道的本领。这不，邮车开到可可西里五道梁，葛军马上想起那场"生死救助"——

2014年的一个冬日，寒风呼啸，大雪漫天，临近五道梁的一处居住点，牧民扎娅1岁的孩子突患急病。扎娅忧心如焚，用棉被裹紧孩子，几乎站到了马路中间，只想拦下一辆车，救救孩子。就在这时，一束灯光刺破风雪重雾，照到了她们身上，来人正是葛军！

得知情况后，葛军立即让扎娅和孩子上了车，一路顶风冒雪、艰难前行，等把孩子送到格尔木市的医院时，东边天空已然露出了鱼肚白。孩子得救了，扎娅激动得不知如何是好，当面跪下感谢恩人，葛军急忙扶起她，又买了些水果放到孩子床头，便离开了。

"我还忘不了，2012年夏天的一个傍晚，把特快邮件送到巴珠手中时的情景。"巴珠家住唐古拉山镇拉智村，十年前就在自家院子里开了民宿。有一次，一位来自广东的摄影师住在她家，而葛军送来的那封特快邮件，就是摄影师为巴珠拍下的照片——在数码产品还未普及的十年前，这些照片在天遥地远的唐古拉山，该是何等珍贵……

这样的故事，葛军装满一肚子。"每次见到乡亲们接过邮件的眼神，我就觉得，在这条路上，还可以再坚持坚持。"

不知不觉间，夕阳将邮政车的倒影在路上拉得很长，经过10个小时的跋涉，我们驶过沱沱河大桥，邮路的终点——唐古拉山镇已在眼前。

四

长江水东流，青藏线纵贯——依水而居、因路而兴，这里是青藏公路在青海境内的最后一个重镇。这座镇，非常大，足足4.75万平方公里，雪山、冰川、草原、湖泊无数，而最少的是人。即便镇区所在的位置，也接近海拔4600米。往南，翻过唐古拉山口，便是西藏。

到镇上时，工作人员已经下班。每到一个投递点，葛军都要将邮包挨个整齐地码放在各个单位门口，等全部卸完，天已全黑，时间也到了晚上8点半。

疲惫的葛军走进一家川菜馆，小小的集镇，迎面便是熟人——一位面庞黝黑的中年人惊喜地向葛军招手，拉他坐到桌前，接着倒满一杯酒：

"来得早不如来得巧,解解乏,晚上睡个好觉,回头再帮我送个水样呗。"

葛军也不客气,一饮而尽:"明天一早找你拿!"

这个中年人叫叶虎林,是青海省水文水资源测报中心沱沱河水文站,也是万里长江第一站的站长,正和同事在餐馆吃饭。每年5月到10月,他们都要在唐古拉山镇驻站,对沱沱河进行实时监测,并定期将采集的水样送回格尔木检测,如果存放时间过长,水的化学特性就会发生改变。

有一年,正值河流主汛期,水文站人手紧张,采集的水样一时之间送不下山。正巧,叶虎林撞见葛军在镇上派送邮件,便抱着试一试的心情,希望葛军帮忙把这来自长江源头的水送回格尔木。没有丝毫犹豫,葛军爽快地答应下来。

葛军明白,水文工作者常年驻守野外,远离家人,工作十分不易。只要条件允许,他就会帮水文站的工作人员带一些生活用品。几年下来,这些工作、行走在大江源头的人们,惺惺相惜间已是无话不谈的朋友。

看着他们重逢之时的亲热熟络,再想起这一路上邮包寄送的站点,那些坚守在青藏线上的执勤官兵,还有铁路养护职工,唐古拉山镇基层干部……我们突然觉得,这条邮政"天路",葛军并非独行。

大家坐在一起,话题愈聊愈多。"今天拍了不少好照片,回头发给你,让嫂子和娃也看看。"他立马摆手:"可别,我不爱拍工作照,拍了也删掉,就怕让家人看到这一路的艰险。"可不,翻看葛军的朋友圈:偶有"进山"或"平安返回"的照片,而中间的时段从来都是空白。

葛军的妻子和女儿,生活在格尔木。父亲的经历,孩子未必都知晓,但妻子不会不懂丈夫。有一次,葛军从邮路返回,途中突遇暴雪,气温骤降,他身体受寒,引发严重的肩周炎,左半身疼痛不已,硬撑着把邮车开回了格尔木。他不愿惊动妻女,拖着僵硬的身躯,自己来到社区卫生院。开完药，走进输液室时，一个熟悉的身影让他心疼："那是我媳妇啊！"原来，在他跑车的时候，妻子患上了重感冒，同样不想让他担心，独自来输液。"报喜不报忧"的夫妻二人，那一刻相对无言，而泪已千行。

晚上回家，妻子把憋在心里的委屈倾吐了不少。而次日一早，葛军去单位时，换洗衣服已摆在门前。"姑娘也大了，小时候总怪我没时间陪她玩，现在上了初中，也知道帮妈妈做家务了，我荣获的铜制奖章给挂在家里醒目位置，孩子总擦得很亮。"

全国五一劳动奖章、中国青年五四奖章……相比这些荣誉，将来若有机会，我们更想把葛军行进在"天路"的照片，送给他的女儿作纪念——那是父亲一路洒下的青春与汗水。

夜云流转，月朗星疏。与水文站的朋友道别后，我们找到唐古拉山镇一家招待所休息。半睡半醒间，脑中闪回这沱沱河畔的一夜，恍然如梦，只觉，葛军和朋友们的身影，好像比唐古拉山还要高。

五

迷迷糊糊中爬起床，窗外，地平线最东端，一束炙热的光芒从红绸帷幕似的天边刺出来，像是熊熊燃烧的火焰。高原的日出，无比壮美。

迎着朝阳，葛军再次开上车，驶入当地驻军某部——此行，他还有一个特殊的"任务"：接"救命恩人"下山。营区门口，笔直站着两队战士，一个留着板寸的高个儿肃立其间。不一会儿，鞭炮、锣鼓声响起，高个儿站得挺拔，缓缓举起右手，庄重地向战士们敬了一个军礼，随后扭头登上邮车。车外爆发出热烈掌声，战士们高喊："退伍不褪色，退役不退志，欢送老兵！"高个儿不停向窗外挥手，扭回头，泪水已奔涌而出。

老兵姓胡，吉林人，一脸英气。20多岁来青海当兵，在唐古拉山镇驻扎了12年，结婚后一直没有条件要娃娃。"也该考虑家庭了，这次转业回老家，以后回来机会就少了。"老胡的最后一句话拖得很长，车厢里陷入了安静。

"这也是我最后一次跑这条邮路啦，今天咱是'退伍专车'。"葛军安慰老胡说。

相识多年，老胡明白葛军的苦处——11年来，高海拔、高寒、缺氧的恶劣环境，对葛军的身体造成了不可逆的伤害，头发掉了不少也白了不少，门牙也掉了，每次夜宿唐古拉山镇，头疼到必须抵着床头硬木板才能睡着，艰苦的工作环境，让他看起来比同龄人老了十几岁。

"之后要跑从格尔木到茫崖的邮路了，距离一样，400多公里，沿途都是大漠戈壁，但海拔能低不少。"葛军顿了顿："话说回来，第一次上山你救我，最后一次下山我送你，算是有始有终！"

原来，葛军初次踏上这条邮路，快到唐古拉山镇时，遇到修路，因着急赶路，他开着邮车改走青藏公路边的滩地。正值夏季，车子一不小心陷入烂泥中动弹不得。葛军先从车厢中找出一个防水编织袋，将全部邮件都装了进去，然后再在烂泥中锹挖手扒，鞋袜都陷在泥里，腿也被碎石划伤了，但庞大沉重的邮车却纹丝不动。无奈，葛军只好赤脚跑到附近部队驻地求援。当天，正是老胡带着战士们，跳入泥水中奋力挖车，经过一个多小时的忙碌，才将邮车拖上了公路，而葛军、老胡和战士们早已变成了"泥人"……

下山之路，开得并不快。驾驶舱里，葛军和老胡却格外沉默。我们不经意间成为见证者：这对在"天路"上相识11年的老友，此行都是他们在青藏线上的最后一程。平速行驶的邮车，仿佛是一场艰难的告别。

我们主动打破驾驶舱里的沉默，给葛军算了一笔账：11年来，他在格尔木市和唐古拉山镇之间已经往返了17.5万公里，"相当于绕了地球4圈多。"

"是吗？"葛军和老胡倒没显出格外的惊讶。高原上待久了的人，似乎早已收获一种心理上的质朴感。对艰苦的感受、对生活的理解、对幸福的认知，有一种磨砺过后的踏实、淡然和从容。

格尔木终究还是到了。进了邮局，归还车辆，钥匙交到贺生元手中。这位入职不久的邮递员，是葛军的"接班人"，接下来他将成为邮政"天路"上新的信使。葛军拍拍他的肩膀，将小贺略显宽大的邮政工作服整理板正。"以后交给你了。"语毕，两个大男人不自觉地拥抱在一起，大大咧咧的葛军，像老胡一样，哭了。

走在格尔木清冷的夜色里，仰望繁星如缀，回想两日的"天路"之旅，如梦似幻。老胡第二天就要飞往长春，葛军也将在一周后踏上新的邮路，我们彼此互道保重。"一定再来格尔木看我啊。我带你们跑跑茫崖，戈壁也很美！"葛军一句话，把大家又逗笑了。

邮政"天路"依旧，老兵永不"退伍"。

（作者为姜峰、刘雨瑞，《人民日报》2022年08月24日20版）

杨　普——

织造美好生活

进城上学那年，她15岁。报专业时，她懵懂茫然：数控？汽修？听都没听说过。

报什么专业呢？

身为语文教师的妈妈也不知如何选。

"那就纺织吧。"

妈妈的一句话，人生的方向，就这样做出了选择。

上班那年，她17岁，还没成年。一脸稚气，还是孩子模样。

登上全国劳模领奖台那年，她27岁。年轻的面庞，眼神清澈如水，但自信有光。

很多人说，这么年轻的全国劳模实属少见。人们记住了她的名字：杨普。

一

华北平原，辽阔而丰饶。平原产棉花，不少人家都有纺车、织机。河北省石家庄市栾城县（今栾城区）徐家营村，村民杨振英家人丁兴旺。勤快的媳妇邢京珍负责给全家老小做衣服鞋袜，做什么都要多做几份。

邢京珍用自己织的布，做出了孩子们身上的衣服脚下的鞋。孩子们上学、成亲的钱，家里的大小开销，都有邢京珍那台小小纺车的一份功劳。方圆几十里，她的纺织技术无人不晓。

邢京珍用过的纺车和织机在屋里摆着，映入孙女杨普的眼，拨动了她小小的心弦。那架老式织机，带给年幼的杨普一丝朦胧但奇妙的缘。

杨普是大孙女，奶奶喜欢她，走哪儿都带着。棉花成熟，奶奶带孙女去地里采摘，在孙女胸前挂上一个小包袱："看看俺普，会摘棉花啦！"

杨普就这样一天天长大。

再见织机，是学历史，一个叫黄道婆的人教织布。

奶奶是黄道婆吗？棉花，织机，遥远又切近，亲切又陌生。

她也听奶奶和妈妈讲过"牛郎织女"的故事。织女在天上？奶奶也是织女吗？她在心底问。

小小的疑惑，在心里一揣就是好多年。

多年后，15岁的她在选择专业的时刻，妈妈的话剥出了她幼时朦胧的梦境里包裹的一颗种子。

"妈，纺织就纺织，我能干好！"

二

17岁上班。正是人生花季。

在纺织技校，她每年都拿奖学金。上班，进了国企石家庄常山纺织股份有限公司棉四分公司——进城去，是她多年的梦想。圆梦，开心！

她的工种是织布挡车工。挡车工的职责，就是看管织机，一个人看多台，按一定巡回路线，机前机后不停检查布面、布边的断纱。断了的纱线要及时接上，否则就要织出瑕疵布。一上岗，整个人就陀螺一样转个不停。

奶奶的织机，发出的是悠悠动听、可以当催眠曲的机杼声。但厂子里不是这样。织机噪声大，车间里一大片织机全开动，轰鸣声震天。说话时要把嘴巴凑到另一个人耳边，不这样，根本听不见。一天下来，她明白了同事们为什么都在"咬耳朵"。

第一个班结束，耳朵里嗡嗡作响，好一阵子才恢复。

好奇变失望。

为了安全，秀美长发要藏进帽子里。爱美的年纪，却只能天天穿着统一的工装。细嫩的手，在一遍遍的操作中被线磨伤。回到宿舍，小姐妹们都像开谢了的牵牛花一样蔫巴。不知是谁把头扎在被垛上小声哭，不一会儿，整个宿舍的人都在吧嗒吧嗒掉眼泪。

原来上班是这样呀。一站一天，腰酸腿疼，一点儿也不美好，一点儿也不好玩。是啊，17岁，正是爱玩的年纪呀！哭罢鼻子，第二天，又都上班去。

接线头是挡车工的基本功。想要干好挡车工，接线的速度必须快，分秒必争，分分秒秒都是效益！刚开始，她一分钟只能接几个。几台机器都归她管，接线一慢，手忙脚乱，顾了这头顾不了那头。一个班下来腰酸背痛，生产指标还完不成。奖金少了，还在次要，关键是没面子，伤自尊！

师傅打水路过，见她手忙脚乱，一边出手帮她接线，一边安慰、引导她。

"师傅，我不想干了！"

"这点儿困难就吓倒了？回去多练。没事儿，有我呢。"她遇到一位好师傅！

倒班回家，妈妈看到她接线受伤的手，脸上好像还有泪痕。

"怎么，不好干？"

"我想回来，重读，换一行！"

"干什么没困难呢？你的师傅为啥一干几十年？人家能干，你就能干！"

吃一顿妈妈做的饭，说说，诉诉，也就轻松了。杨普身上有那么一股不服输的劲儿。像谁呢？像奶奶。奶奶学织布的时候也很难，一想一大家子要布穿、要吃饭，硬是学会了。

宿舍里，小姐妹们各玩各的，杨普在练接线。一段一段接好的五彩线，从6楼垂到楼底。春天，楼下迎春花开了，阳光中的五彩线和迎春花在春风里组成一幅画，路过的人纷纷停下脚步看。很快，杨普接线的速度更快了，一个人能管9台织机。

她的成长，车间领导看在眼里。职工技能大赛，领导推荐她参加。上班没多久，还是一个小姑娘，许多工作多年的老手都没机会参赛，"凭什么推荐她？"

"她最刻苦！"

四个字，掷地有声！

是啊，她刻苦！每天早来一个小时上机练，下了班不走，在训练机上再练几个小时。其实，肚子早饿了，口早渴了，腰早酸了，但她不服，她要和自己较劲！

上班第二年，她就在公司级比赛里获奖。第三年，参加石家庄市纺织系统技能比赛，获第一名，晋升工人技师。

小荷初露尖尖角！

三

刚上班，师傅对杨普说："咱工人靠技术吃饭！"这句话，杨普深深记在心里。

地理上有经纬线，布匹上也有经纬线。经纬交错，让杨普找到了人生的坐标。她知道，自己经手的经纬线最后会穿在人的身上，保暖、美观又精致——不能小看自己的工作呀，这是一份创造美好的事业，是在给生活的"锦"上添"花"。

接线的成绩达标了，但杨普对自己的要求不止于此。她把所有业余时间都花在练习上，在宿舍不是学习，就是苦练手上功夫。逛街、玩耍，对她来说似乎很遥远。不爱红装爱工装的杨普，在一片织机声中找到了人生的发力点。

宿舍里，她的铺上总有两样东西，一是线，二是学习用的专业书。不是她不爱整洁不收拾，而是她想抓紧一切时间练功。外边的世界很精彩，蓝蓝的天，白白的云，小姐妹们打扮得漂漂亮亮，去公园，去逛街。而她素面朝天，与线作伴，在追求技艺的道路上头也不回！

练接线，需要别人帮着掐表。找同事，一次两次，再多就不好意思了。碰上倒班休息回家，杨普就让爸妈掐表，练习每分钟接线数。她还报了成人高考，日程表塞得满满当当。当初的小姑娘，渐渐能够独当一面。

几年后，一个小伙子走入她的视野。两人见面，花前树下，或灯前树下，一个练接线，一个看表。练得专注，看得专心。别人约在幽静处，他俩却找光线最好的地方，一边手中持线忙碌不停，一边讨论生产技艺。

苦心人，天不负。杨普接线头的速度达到每分钟35到38个，平均接一次线不到2秒，远超标准。

冬去春来，谈婚论嫁。婚期已定，又逢省里技能大赛，好巧不巧，日子撞在一块。她是选手，赛前不能分心，便决定推迟婚期。但饭店已订，亲戚朋友已通知，哪能说推就推？小伙子回去做父母工作，一切推迟，改期！

比赛鸣金，杨普获全省第一，晋升高级技师。所在公司专门为她举办婚礼。

公司在正定县建新厂，引进了世界一流的喷气织机，车速高、噪声低、自动化程度高、品种适应性广。杨普心动了：先进的设备，先进的技术，对纺织已经万分热爱的她，哪能错过？马上报名，申请调往新厂。

申请通过，她的新岗位是培训师。她将要面对的是对纺织一无所知的新员工，要在3个月之内，把他们培养成操作娴熟的合格工人。

一个能工巧匠，带出一批能工巧匠，这个任务更重！新厂远离市区，杨普每天赶班车早出晚归。她把操作方法编成"操作歌"，贴在织机上。一句句"歌词"明白又上口，徒弟们有口皆碑："普姐把工作编成歌，易学易懂、易记易会！"培训辛苦，面对徒弟们的困惑，杨普现身说法，诗意回答："选择了蓝天，就要做一朵洁白的云；选择了大海，就要做一只飞翔的鸥；既然选择了纺织，就要扎扎实实、勤勤恳恳，就要拼搏奋斗，让青春在纱涛布海中舞动。"

她把自己的工作方法对徒弟们倾囊相授，先后培养出102名技术能手。这套工作方法被企业总结成"杨普工作法"，在业内广受好评。

杨普怀孕临产，本该提前休息，正赶上她辅导的选手参加全市职业技能大赛。杨普知道，自己在，徒弟们心里会更踏实，于是坚持陪着徒弟们参赛。比赛结束，杨普当晚就有了产前预兆。家里人赶忙把她送往医院，幸好有惊无险，大人孩子都平安。

休完产假，当了妈妈的杨普也有了新的身份——织造车间丙班值班长。她定下目标：创建先进轮班，处处拿第一。她结合自身经验改进生产技法，仅提高挡车工技术、缩短停台时间一项，就提高班产2200米，所在丙班连续11个月产量第一，被评为公司先进轮班。9年下来，她超产棉布近20万米。这20万米，又是她在织机间多少巡走的步数所造就？

四

这些年，公司的纺织材料不断迭代更新，汉麻纤维、莫代尔、甲壳素等次第登场。每种新型纤维，要在织机上变成布料，都是新的挑战。

以前，眼前一片机器，织的都是同一种面料。现在，一个人看管的织机，织着的可能是三四种面料，一种面料一种脾性，生产难度前所未有。但这些难题都被纺织工人们一一攻克。

杨普喜获中华技能大奖。看到获奖名单时，她有点忐忑不安：自己竟和那些在"高精尖"领域掌握核心技术的专家们一起接受表彰！能和他们站在一起是多么幸福，多么光荣！是啊，"三百六十行，行行出状元"。掌握先进技术的纺织工人同样受人尊敬！

2010年，石家庄常山纺织集团成立了以杨普名字命名的"杨普工作室"。她的工作室成为公司培训高技能纺织工人的摇篮。工作室培养的技术能手们在生产一线大显身手，每一次新品试织，每一次质量攻关，都有他们的身影。徒弟们个个都是能工巧匠，同时看管的织机数量由一个人9台，提高到12到15台。

杨普工作室总结出13项工作法，诞生7名省部级以上劳模。她本人获得全国劳模、中华技能大奖、中国青年五四奖章等众多荣誉，还是党的十九大代表、中国工会十七大代表。2018年，她进入高校劳模班，圆了大学梦。超4000人次到"杨普工作室"参观取经，将她的工作法带到更多岗位上……

杨普的"普"，是普通的普。面对荣誉，她也觉得自己很普通："我就是一名纺织工人，我的职责是织好布。"

她也是一名母亲。她和女儿一起遥望星空，给女儿讲牛郎和织女的故事。女儿学到了黄道婆那一课，又问她："妈妈，这个婆婆是织女吗？"

是啊，她们都是"织女"。

天上的织女只是传说，勤劳的织女就在人间。"温饱"二字，"饱"需要粮食和种子，那"温"不正是靠纺织女工们织出的布吗？多少杨普这样的纺织女工巡走机台，以青春岁月为梭，织就了这温暖的事业，织出了美好生活。

（作者为陈晔，《人民日报》2022年09月26日20版）

才登巴——

青春之光，在塔里木河畔闪耀

"才站长，智慧电源平台上出现故障报警。"

"什么情况？"才登巴问。

"枢纽总配电柜电源缺项了。"

"打开远程操作界面，立即断电，然后组织人员到现场核验情况！"才登巴果断决定。

看着值班人员远程切断了配电柜的电源，才登巴拍了拍值班人员的肩膀，笑意盈盈地说："多了一双智慧的眼睛，坐在电脑前就可以发现水利工程上的问题，工作便捷多了！"

在这里，33岁的才登巴进入塔里木河流域干流管理局工作已经13年了。与奔流不息的塔里木河一起流淌的，是他闪亮的青春岁月。

一

2009年12月的一天，寒风凛凛，才登巴的心里却像是燃着一团火。刚刚走出大学校园的他，考入了塔里木河流域干流管理局。那一年，他刚满20岁，梦想着在祖国的水利事业中大展身手。

然而，令他没有想到的是，到单位报到的第二天，他和新来的同事们就被拉到了塔河的下游——大西海子水库。

下了车，看着眼前的景色，他们蒙了：满眼的荒凉，四周全是茫茫戈壁。更让他们震惊的是，眼前的水库里竟然没有一滴水，是一片干涸的荒沙滩。为了避风，他们把帐篷扎在了这片沙滩上。

夜晚，气温降至零下20多摄氏度。尽管帐篷内有取暖设备，但半夜他们还是一个个被冻醒了。大家索性爬起来，抱着火炉聊天，或是跑出去仰望一会儿星空。

才登巴所学专业是水利水电工程和水利测绘工程管理。实习时，他曾经历过一段艰苦岁月。毕业后从事水利工作，虽说心里已做好了吃苦的准备，但眼前的一切，还是比他想象的要艰苦得多。

到大西海子水库来干啥？负责向塔河的尾闾湖泊台特玛湖生态输水。

才登巴记得很清楚，生态输水的过程异常艰难。那时，需通过上游的和田河、叶尔羌河和阿克苏河3条源流补充水源。有限的河水奔流1300多公里后，还未流到下游，就停滞不前了。他们只好顺着河道徒步巡查。有的地方结冰了，就拿来十字镐、铁锹凿冰；有的地方河道堵了，就调来挖掘机进行疏通……

塔河下游的218国道两侧曾是郁郁葱葱的绿洲。后因塔河一度断流，这片绿洲濒临消失，植被被黄沙一点点淹没。流沙成了218国道上的"拦路虎"，让过往的司机苦不堪言。

然而，塔河两岸的一些人却意识不到问题的严重性。"刚开始往下游输水，他们不愿意，往往是水还没流到下游就被截流了。当时用水矛盾很突出：一边是农业灌溉极度缺水；一边是下游300多公里的河床已经成为黄沙滩、盐碱地，急需输水恢复生态！"才登巴无奈地说。

"只有植被茂密了，才能遮挡住风沙，才能把地保住，人们才能在这里生活……"起初，他们给附近居民做工作，许多人不理解。后来，他们通过附近团场，给职工、农民做工作。慢慢地，思想工作做通了，汩汩水流终于缓缓流进了干涸已久的台特玛湖。

打那以后，生态输水就越来越顺畅了。哗哗的水流，一路唱着欢歌奔流而下，齐聚到台特玛湖里。

一年又一年。渐渐地，曾经死气沉沉的台特玛湖又焕发出勃勃生机。如今的台特玛湖，湖面广阔，绿水流翠，群鸟翻飞，如诗如画……

二

台特玛湖变化的过程，反映着塔河流域治理的过程，才登巴等一批塔河流域守护者也是在这一过程中不断成长着。

那一年，生态输水结束后，包括才登巴在内的新来的20多名员工被分到了各个管理站。这些站点不是在前不着村后不着店的戈壁荒滩，就是在荒无人烟的胡杨林深处。

才登巴被分到轮台县轮南镇塔河桥社区英巴扎管理站。这里，只有一个管理站和一个水文站，两座孤零零的房屋。

才登巴刚到管理站时，站上只有五六个人，条件非常艰苦。很快，一起分来的两个同事忍受不了这里的环境，卷起铺盖走了。

才登巴的心里五味杂陈。"塔里木河养育了一代代南疆儿女，如果谁都不愿守护它，任其生态环境持续恶化，将来我们拿什么留给子孙后代？"才登巴清楚，守护这条河流就意味着和孤独寂寞为伴。但他更清楚，塔河流域就是子孙后代的"金山银山"！

才登巴选择了坚守。这一守就是10余年。

英巴扎管理站管辖190多公里的河道，26个生态闸，设有多个卡点。

没过几天，师傅就把才登巴带到了英巴扎的1号卡点。卡点距管理站很远，条件也更艰苦。在一片原始胡杨林深处，孤零零地立着一间房，像大海上漂浮的一叶小舟。吃的水是压井压出的苦咸水，蔬菜等生活物资10天左右送来一次。

师傅离开前，给才登巴认真交代了卡点的职责和注意事项，还带着他熟悉了河道巡查的范围及重点巡查的区域。所有的巡查工作，都是靠步行来完成。

师傅离开了。从此，一片林，一间房，一个人，一条河……

在卡点上坚守，每天看到的都是同样的景色：灰突突的一片林。每天伴随着同一条河，重复着同样的巡河工作。平常人看来很简单的打个电话，在这里都是一件难事，需在胡杨林中到处找信号……

最煎熬的是寂寞。尤其是自11月份到春节前后这段时光，棉农回家了，牧羊人转场了，三四个月连个人影也见不到。才登巴每天面对的，除了这片林、这条河外，只有太阳和月亮的换班，白天和黑夜的交替。有时，面对空旷的胡杨林，他大吼几嗓子想消除寂寞，然而声音很快被苍凉的胡杨林吞噬。才登巴说，这种寂寞是常人很难想象的。

他在一个卡点最长待了88天，没有出来过一次。"出来后感觉自己都不会说话了！"他说。

三

对于才登巴来说，孤独、寂寞、辛苦，他都可以忍受。如何让塔河两岸的人们停止非法打井、架泵抽水、肆意截流，才是他最闹心的事情。

2012年之前，塔河两岸非法开荒严重。每到一个卡点，听到柴油机发动的声音、看到林中突然冒黑烟，或者是发现新鲜的车辙，哪怕是一段电缆、一截管子甚至一个布条……他都要细致地查看。有时，他会住在大型泵站，一住就是个把月。

在巡河的过程中，才登巴深深感到，一些人法律意识非常淡薄。为了守护好这条河流，有时，他还把帐篷扎在种棉大户的棉田边，一边劝阻非法截流、架泵，一边进行水利普法宣传。"要让大家知道哪些事情能干，哪些事情不能干。能干的该如何办手续，合理合法进行。"他说。

就这样，日复一日，年复一年，才登巴沿着塔河不停地巡走。

这些年，他从英巴扎管理站的1号卡点到4号卡点，再到7号卡点；从轮台县到尉犁县，现在已经是乌斯曼管理站副站长。工作岗位在变，但他的信念从未改变：要守护好塔里木河，让塔河的水更清、树更绿、景更美。

从2015年开始，他的眼前慢慢绿起来了。正是这一点翠绿，更加坚定了他的信心。看着曾经荒芜的戈壁荒滩渐渐染上了绿色，看着眼前的生态环境一天天发生着变化，才登巴觉得自己和同伴们这么多年的付出是值得的。

提起这些年来塔河流域的生态变化，才登巴就滔滔不绝——

眼见为实！塔河流域实行统一管理后，上游的水量明显增加。塔河从上游到下游，生态环境明显改善，植被覆盖面越来越广，植被种类也增加了不少。最难忘的是，英巴扎南岸曾是一片荒芜的沙漠，通过多年管护和生态输水，水源充足了，曾经的沙漠变成了密林葱茏的森林公园。

随着生态环境的改善，塔河流域野生动物也增多了。以前，偶尔能看到的动物只有狐狸。现在，黄羊、野猪、狐狸、马鹿、野兔，随处可见。鸟类也增加了不少，鸬鹚、野鸭、白鹭，还有些叫不上名字的鸟类也来了。

还有，塔河下游曾经干涸的大西海子水库、台特玛湖，如今水流源源不断。地下水也变充足了，就连曾经干涸的大、小海子里，都积满了水。2022年，是塔里木河近十年来水量最大的一年，河水漫溢到塔克拉玛干大沙漠，出现了大片罕见的湖泊。胡杨、沙漠、蓝天、候鸟与湖水相映生辉，形成了一幅和谐美丽的生态画卷。

另外，沙尘暴明显减少，这是大家共同的感受。刚到轮南镇工作时，三天两头就刮沙尘暴。有一次，从伴行公路回来，突然刮起了沙尘暴，天昏地暗，车身被打得哗哗作响，坐在驾驶室内，甚至看不到车头。他们不敢继续前行，只能把车停在路边等待沙尘暴过去……

同时，才登巴也见证了塔河流域治理能力和治理水平的不断提高。

从最初的步行巡河，到后来骑摩托车，再到后来开小汽车，后面又配上了无人机，有了卫星地图……一步一步，向"数字塔河""智慧塔河"迈进。

"我刚到这里时，师傅带着我一个点一个点去看，跑一趟记不住，还要一趟一趟地跑。现在有了卫星地图，我们带新员工，把数据发给他，在手机上介绍，一看就明白了。"

说话间，才登巴打开手机，给我讲解："你看，点开水利信息、种植户、耕地、泵站、机电井、防洪堤、涵管等多种信息，都显示在手机屏幕上。有了这些数据，我只要把定位发过去，对方随时可以查看相关数据和情况。"

"塔河流域的治理能力和治理水平越来越高，我们的子孙后代可就享福喽！"

听我这样一说，才登巴脸上露出得意的神色，向我娓娓道来："现在到了汛期，我们放飞无人机，扑棱棱一圈，就可把水流态势、河道走势、险情险段看得清清楚楚，根据险情启动应急预案及时处置。2022年洪峰期，在塔河右岸输水堤发现了一处险情，就是小无人机帮了大忙。现在用上了巡河APP、智慧巡检，很多工作在手机和屏幕上就能实现，智能化管理程度越来越高了。以前提闸门，需要摇把子摇，现在远程控制，鼠标一点，就可以实现。我们干流局的三个枢纽，已经建设成水利工程标准化建设示范点，以后有望实现线上巡查。河道正常与否，足不出户就可看得清清楚楚，跟塔河流域有关的所有水情信息都可轻松掌握。"

四

说起自己的护河生涯，才登巴觉得最亏欠的是家人。

才登巴说，结婚这么多年，他基本没管过孩子。一两个月回家一次，每次回站上时，孩子总是抱着他的腿不撒手。每每想起狠心离家的情景，他就泪眼蒙眬。

"爱人也是学水利工程的，很理解我的工作，她已经习惯了这种聚少离多的生活。"才登巴的脸上写满了愧疚。他说，爱人懂我，她知道，我热爱水利事业，热爱塔河。

他的爱人原本在伊犁哈萨克自治州水利局工作，为了支持他，辞去了稳定的工作，来到塔里木河流域巴音郭楞管理局干了7年聘用工。直到2021年，才正式招考进塔里木河流域管理局。

"你真是舍小家顾大家！"我感慨。

才登巴却说："不光是我，站上的同事都无一例外地选择了工作，只是让家人受委屈了。"

一条河连着千万家，一群人心系一条河……才登巴只是这群守护者中的一个。正因为有了这一批批、一代代塔河守护者，才有了塔里木盆地这片广袤土地上的勃勃生机，才让曾经干涸的塔里木河成为希望之河……如今的塔里木绿波逐浪，碧水荡漾，林莽苍苍，棉海茫茫。

其实，这些守护者的青春并没有远去，而是随着塔里木河奔流不息，缓缓流淌。

塔里木河畔，青春的身影，默默的奉献，让这条古老的河焕发生机，奔涌向前……

（作者为兰天智，《人民日报》2023 年 01 月 11 日 20 版）

张 晶——

1205钻井队第二十一任队长

"报告队长，开钻准备已完成，是否开钻，请指示！"

"正常开钻！"

下达指令的人叫张晶，80后，大庆油田钢铁1205钻井队第二十一任队长。

一

2003年夏天，张晶握着高考录取通知书推开了家门："爸，我想跟您商量件事。"

父亲愣了一下。

"爸，我想复读。"张晶看着父亲说。

"为啥？"父亲问。

"爸，我没考上石油学院。我还是想学石油专业。"父亲沉默片刻，说："男子汉要对自己的选择负责任。"父亲严肃地看着张晶，眼前的儿子抿着嘴唇，依然坚定自己的选择。父亲说："走，跟我去个地方。"

父亲带着张晶来到了一块看起来很普通的石头边。"爸，这是松基1井旧址……"张晶开口道。"对，松基1井就在咱们镇，这事儿镇上人都知道。你想要学石油专业，我不拦你。但是，你得给我说出个子丑寅卯来。别的不说，对这口井，你知道多少？"

"松基1井是大庆油田勘探、找油、开发的第一口基准井。1958年，国家在松辽地区展开大规模石油勘探，7月9日，松基1井由松辽石油勘探局32118钻井队进行钻井施工。这也是我国在松辽盆地找油的第一口基准井，在这里，大庆石油人开始了'第一钻'。"张晶流利地答出了这口英雄井的信息，父亲沉默了。他眼里的孩子，目光坚定，有自己的选择和坚持。

"你也不小了，我还是那句话，男子汉要说到做到。"父亲再没多说。

经过一年的复读，张晶终于考上了心仪的石油院校。毕业后，张晶被分配到钻井队。队长对这个认真的小伙子很满意，当实习钻工4个月后，想让他当技术员。没想到张晶摇头了，他说："队长，通过这段时间的轮岗实习，我想申请当司钻。"

队长看着眼前站得笔直的小伙子说："你想好了吗？刹把一握就是8小时。司钻手上三条命：人命、井命、设备命，责任重大。你确定要当司钻？"

"我确定。"张晶说："司钻这个岗位很关键。虽然我是石油专业毕业的，可经过这段时间的轮岗实习，我深刻体会到，在一线，我不会的东西太多了。现在干技术员，我心里没底。我想把队上的操作岗都熟悉一遍。队长，我想把我做个石油人的理想夯得更实一点儿。"

队长看了看这个小伙子，点点头。就这样，张晶从场地工干起，冬天抢大锤，夏天下钻台，钳工、井架工、副司钻、司钻，井上的各个岗位他都干了个遍。从盯一个班，到管一口井，不管在哪儿，不管干啥，张晶都扎扎实实，一步一个脚印。

二

2018年5月3日，开完"零点班"交接会，张晶一个人走进1205队的队史室。那是他被任命为1205队队长的第一天。

1205队是"铁人"王进喜带出来的钢铁钻井队，也是全国创造纪录最多、钻井总进尺最高的标杆队。队史室是每个队员入队的第一课堂。井打到哪里，队史室就搬到哪里，1205队的故事和铁人精神就传到哪里。

今天，张晶重新走进队史室，静静地看着1205队沉甸甸的荣誉，看着照片中王进喜老队长炯炯有神的眼睛……窗外是钻机工作的声音，可是在张晶听来，这不是钻机在工作，而是王进喜老队长带着队员人拉肩扛、端水打井在喊号子；是老队长毫不犹豫喊一声"跳"就纵身跃入了泥浆池；是老队长说"有条件要上，没有条件创造条件也要上"……

1205队先后产生了王进喜、李新民两代"铁人"，有过20任队长，输出各类骨干1361名……张晶心里默默数着，他们都是心里装着国家的人，他们都是争第一、扛红旗，永远不向困难低头的人。

1205队也是"铁人精神"的发源地、钻井纪录的领跑者，这样一个"梦之队"，是大庆油田的名片、中国石油的标志。"现在由我来接棒，可我的这点儿本事够用吗？如果干不好，我怎么对得起组织的培养？"

张晶暗下决心，要像老队长一样，"把红旗一直扛下去"。

张晶请教了领导，第一次听说管理要运用工程思维，把精益管理理念引入钻井生产。

工程思维，精益管理……张晶开始琢磨怎么把这些理念运用到管理当中。

队里一位新工人大钳操作不熟练，耽误了安排好的夜班测井，造成8个半小时没能连续生产。小钻机耽误一天，就浪费成本三五万元，大钻机则一天上十万元，张晶算着成本，眉头皱得很紧。

但是，张晶没有批评新工人，而是连续跟了几个班。这几天，张晶兜里时刻揣着一个小本子。

开总结会的时候，张晶拿出了卷边的本子，对大家说："这几天我算了一下，一口井，需操作大钳1200次，一次咬不上，重新再来需3分钟……一口井打下来，光这一项，就浪费8.35个小时。我们队一年要打70多口井，那就是将近600个小时。也就是说，从一个大钳操作里，能抠出好几口井来。全队要苦练技术，尽可能减少操作上的失误。咱们是钢铁1205队，红旗不能丢。干，就要干到最好！"

接下来的三个半月，张晶带着队员查出像这样的点，还有367个。他制定了6项对应措施。每打一口井，就把每个班、每一段的用时记录上墙。工作差距一目了然，队员们你超我赶，井越打越快，一年挤出来50多天，相当于多进尺1.66万米。

有了这个基础，1205队连续4年钻井进尺突破10万米，并引领10支钻井队年进尺都突破了7万米。

可是，地层是复杂的。1205队在杏扶区块打定向井的时候就遇到了困难。地层倾角大，施工难度高，尽管在钻具组合、钻井参数上做了精心部署，可是井斜角还是比设计多出了1度。

在井场上，张晶盯了一阵子显示屏，大声喊："别打了！"有队员劝道："队长，这么打也能中靶，停下来可就耽误工夫了。"

一听这话，张晶直接命令："停钻！开会。"在值班房，张晶"啪"的一声把十来张小纸条拍到桌上。

"3人安全帽带系不牢，压井管线2个保险卡子松，今天又把井打斜了1度，再这么下去，还是1205队吗？"

队员探头一看，这些纸条上密密麻麻写满了风险提示。好一阵没有人说话。

张晶严肃地看着一张张疲惫的脸，语重心长地说："咱们队史上记着，'铁人'老队长当年打了一口斜井，和咱们现在的情况差不多，老队长怎么做的？他带头把井填了。是，我们是要速度，可没质量、冒风险的速度，我们能要吗？我们敢要吗？那是对油田不负责任。作为1205队的队员，咱们现在的一举一动都是在续写队史，大家想一想。"

说完，张晶一把扯下墙上的进度表。"作为队长，我先做检讨……"

那天会后，队里的浮躁心绪沉下来了，最终，1205队把钻头稳稳地钉在了靶心上。

2019年是新中国成立70周年、大庆油田发现60周年，张晶想用工作成绩来庆祝。他提出钻井进尺要再上10万米。这意味着每月至少要交7口井，从一口井完钻到另一口井开始，平均用时不能超5天。张晶带着大家争分夺秒地干。

可是8月末，台风从沿海刮到了东北。1205队接到紧急任务：两天内完成搬家，转战70公里外的龙虎泡地区。连续几场大雨，井场成了沼泽，道路成了泥潭。十几米长的钢丝绳套有大擀面杖那么粗，平时一个人都很难拿得动，在泥里，钢丝绳就像扎了根一样，更难拽了。张晶站在没膝的泥水里，带着队员使劲儿往沼泽外面拖。他和大家一起奋战了近10个小时，在大雨中实现了当天就位、当天开钻。

搬家一结束，张晶紧紧地弓着身子。队员们意识到不对劲，赶紧把他送到了医院。大夫说："胃马上就要穿孔了，怎么挺到这时候才来！"

术后第二天晚上，队员们下了班就赶到医院看望队长。医生一走，张晶就小声问："完井会开了没有？"队员老老实实回答："没开呢。"张晶说："那咱就在这儿说说吧。"

他身体半靠着床，从1205队副队长到工程大班，挨个询问情况，好像这里不是病房，而是井队的值班房。

三

一天，在生产会现场，张晶听见了一个期盼已久的关键词：非常规油气开发。

张晶很兴奋，他听说大庆油田非常规油气储量丰富，油品好。会后，张晶第一时间找到领导："领导，1205队想请战。"那一刻，他好像回到了刚刚工作请战司钻的时候。那也是一个下午，太阳正好照在他的脸上。

领导笑了笑说："非常规油气情况复杂，1205队从来没碰过，你们有没有信心？"

张晶说："这几年，1205队一年拼下一个'10万米'，不管是2018年的连天暴雨，还是2019年的3场台风，1205队都是顶着上，连续冲锋。继续打下去，我们有这个实力，有这个信心。"

"好。"领导一拍桌子，说："我就等着1205队请缨冲锋呢，定个小目标怎么样？油田领导已经研究过了，暂定35天拿下一口井。"

"明白！"张晶大声回答。

第一口非常规油气井开钻的时候，离2021年春节还有1个多月。彼时，正是1205队冲刺第四个钻井进尺"10万米"的关键阶段，大部队在采油三厂撤不下来。同时，百公里外，非常规油气开发战场上，崭新的

7000米钻机已经就位。一边是冲刺跑，一边是开局战。张晶毫不含糊，同时开辟了两个战场。

当时的1号平台上有7支钻井队，瞄着35天拿下一口井的目标摆开了阵势。

张晶在钻前动员会上，跟大家说："这次任务艰巨，估计春节回不去了。大家回家收拾一下日用品，接下来咱们要打一场硬仗。"

很快，第一场战役就遇到了一个难题：60米高的新钻机，1205队谁都没摸过，队员们有些底气不足。

张晶看着自己的队员，说："打井就像打仗。老队长怎么说的，有条件要上，没有条件创造条件也要上。大家说，怎么办？"

"上！"队员们齐声喊。

所有人都不含糊，砖头厚的设备说明书成了1205队的工作"宝典"。从那天开始，1205队所有人的每一分钟，几乎都扎在井场。

严实作风是永远的制胜法宝。张晶深知，任何制度都不能光落在纸面上。

尤其是面对新战场、新设备，张晶下令：半夜12点和中午12点的两次交接班都要开交接班会。两个交接班会，张晶都按时参加。他拉过来一把椅子，坐在门口，让大家考他钻井知识，他也随机考大家。队里搞起擂台赛，比"接立柱"，比"起下钻"，比"下套管"，大伙儿干劲儿越来越大，信心越来越足。

操作上熟了快了，1205队一路挺进，打了2300米，进入非常规油气的主力油层。

这个地层，地质构造极其复杂，易塌、易漏、易卡钻，曾有4支井队在这里遇上大麻烦，一口井还差点打废了。钻头要像泥鳅一样在这里水平"爬行"2000多米，没有可借鉴的经验。特别是打水平井，就像是拿根吸管横穿千层酥饼，劲小了速度太慢，泥浆就会泡塌井壁；劲大了"酥饼"就得掉渣儿甚至裂开，放在井下那就是井壁掉块。无论哪种情况，都会导致井塌、卡钻等恶性事故，再加上对新钻机不熟悉、深井技术也没用过、一半队员又都是新人，可以说是块难啃的硬骨头。

张晶着急了，他站在井场上，体会到了王进喜老队长恨不得一拳头砸出一口井来的焦急。

他的焦急不无道理，在1205队之前，已经有兄弟队打过两口试验井，一口井用了113天，一口井用了94天。而他已经拍着胸脯立下了35天打一口井的"小目标"。

拳头举了，胸脯也拍了，关键要干出硬活来。为此，张晶白天盯现场，夜里带着队员一起开会想办法。

经过多次和驻井专家们讨论，张晶认为，一切设计都得根据钻井实际情况调整。他果断决定，改变原有泥浆设计，加重晶石粉，提高泥浆比重，撑住地层。可到底提高多少，大家心里都没底，万一压漏了地层，麻烦可就大了。张晶提出，先把泥浆比重提高0.03，看看路子对不对。

数九寒冬，张晶裹着棉大衣守在振动筛旁，攥着手电筒，拿着游标卡尺，测量着大大小小的岩块。时间一分一秒过去，返上来的岩块从鹅蛋大小逐渐变成了鸡蛋大小。

张晶一拍大腿："路子对了。"接下来他更谨慎了。张晶让队员把泥浆比重提高幅度从0.03降到0.01，一点一点地加，经过6轮循环，岩块逐渐缩小到鹌鹑蛋大小。

就这样，张晶一天一夜没合眼，钻台上下来回跑。当他看到细小的岩屑时，激动地喊："不用加石粉了，井下正常了！"

在张晶的带领下，1205队成功地水平穿越了2000多米，率先把钻井周期缩短到35天以内，更为整个试验区创出一套模板，这让所有参战队伍的钻井周期从100多天迅速缩短到40天以内。

前进的路不好走。井打到3460米深，连续出现掉块和卡钻，钻头进退两难。钻台上人越来越多，队员们都很着急。张晶深吸一口气，暗想：沉住气，越是危急的时候，越要稳住。

张晶第一时间和驻队专家商量，尝试改进钻井液性能，逐渐提高比重、提升压力、撑住地层。他带着队员一点一点反复试，困了，就用凉水洗把脸；冷了，就在地上蹦一蹦；累了，就互相捶捶背，恨不得一刻都不离开钻台。

一周的时间很快过去了，在张晶和队员的努力下，终于把地层撑住了，又啃下一块硬石头。可是，刚高兴没多久，井下又接连出现各种情况。张晶带领1205队在方案上、钻具上、参数上下大功夫，每前进一步，就开出一段新路，就摸出一点地层的脾气，逐渐蹚出一套处理办法。

2021年2月11日，傍晚6点，钻台上最后一道工序完毕。张晶带领1205队在所有队伍中第一个完井，钻井周期33.1天！

这一天，也是大年三十。

附近村子里的烟花突然绽放，好像也在为他们庆祝。张晶开心地与队员们拥抱，说："好小子们，走，吃庆功宴去。"那天晚上，张晶看着自己的队员，看着井场上1205队的队旗，心里暗暗有了一个新的想法。

从踏入"无人区"到打败"拦路虎"，1205队已经积攒了很多经验，他要把这些经验告诉兄弟钻井队，让大家一起向更高的目标冲锋！

（作者为宋明珠，《人民日报》2023年01月18日20版）

周 雷——

稻花香飘

一

接过儿子的录取通知书，老周愣住了——"农学？那不还是种田吗？"

这大半辈子，种田的苦，老周算是吃够了、吃伤了。

老周，名叫周永祥，湖北洪湖市戴家场镇罗滩村人，20世纪六七十年代上过高中，做过民办教师，在这十里八乡算是个文化人。后来兜兜转转还是做了农民，侍弄庄稼几十年，还搞起了养殖。

作为一个"资深农民"，种田的苦，老周再清楚不过了。头顶烈日，膀子被晒得脱皮；抢收抢种，累得直不起腰……这些且不说，单说老天爷忽冷忽热，一夜之间就可能让你颗粒无收，那真是怨天怨地都没用。

于是，老周把毕生的希望都寄托在两个儿子身上。和千千万万的父亲一样，他多么希望儿子们能够跳出农门，走向更广阔的天地。

农家的娃娃早当家，两个儿子也很懂事。农忙时节，父母忙"双抢"，一时半会儿回不了家，七八岁的小家伙们就自己生火煮饭，送饭下田。

大儿子因为小时候身体不好，耽误了学业，后来外出务工去了。小儿子周雷一度成了老周的全部希望。周雷成绩不赖，是老师眼中的好苗子，也是家里的希望。现在倒好，寒窗十年，大学是考上了，学的却还是种地。

对儿子"居然去学农"的不甘，老周从来没有当面说出来过，但儿子周雷分明能感受到。他考上了重点大学，父亲却并没有在村里村外"广而告之"。其实，周雷也心有不甘——高考他的第一志愿是数学，农学是第二志愿，谁知道被录取了第二志愿。

不过，有件事，周雷却在心里打定了主意：既然读了农学，那就好好地读下去。

上学后，周雷认真地学习专业知识，还四处查阅资料、搜集纪录片，他逐渐发现：原来，有的发达国家农业人口不多，粮食产量却很高。而拥有数千年农耕传统的中国，在这方面一度远远落后于人。差距到底在哪儿？周雷认为：差在农业技术上，差在良种选育上。

"一定坚持学农学，即便以后不能干成什么大事，至少可以回家应用现代农业技术种田，让父母的日子过好点。"揣着这个朴素的理想，周雷一路坚持，不仅大学学农，硕士、博士阶段也学农。

2010年，从中国农业大学博士毕业后，周雷进入湖北省农科院粮食作物研究所工作，专门研究水稻遗传育种。

父亲知道后，只是"哦"了一声。他知道儿子不是传统的种田人，而是搞农业研究的，但他心里一直放不下的是：一年到头，儿子下田的次数比农民都多，晒得比农民还要黑，吃的不还是农民的苦？

二

凭借湖多、水多、鱼虾多等优势，湖北潜江大规模发展小龙虾养殖。

在水面养殖无法满足需求的情况下，很多农户自发开展稻田养虾。稻田养虾已成为促进当地群众增收的富民产业。

湖北省农科院水稻创新团队负责人游艾青带领周雷等团队成员来到潜江。踏访多个乡镇后，大家驻足在运粮湖一处虾田边，眉头紧蹙，若有所思。

面对当地干部的询问，游艾青直言："这么多上好的农田，重虾轻稻。往大了说，非粮化不利于粮食安全，往小了说，也给农民带来很大风险，一旦小龙虾行情不好，口粮又没保障，老百姓咋办？"

作为团队骨干的周雷进一步提出自己的思考："能不能既重视养虾，又重视种稻，两者兼顾，安全又增收？"

当地干部道出了实情：养殖小龙虾的稻田不能使用农药，否则虾子会死亡；但不用农药，水稻也抗不了病虫害，产量会很低，同时虾稻田稻秆也容易倒伏。

"如果我们培育出一种能够抗病虫又抗倒伏的稻种呢，老百姓愿意种吗？"

"什么稻种能让老百姓增收，老百姓就喜欢种什么。只是，这想法能不能变成现实？"

"简直是异想天开！"得知儿子的想法，老周气不打一处来，"你种地才几天？你一句话，就想让成千上万的'老把式'听你的，改变种植模式？你本本分分的，不要瞎指挥。"

在父亲那里被教训，却在领导那里得到肯定。湖北省农科院领导觉得这个想法很好，对周雷等年轻人说："你们大胆去干，院里全力支持！"

炎热夏季，田里，头顶上阳光炽烈，脚底下水汽蒸腾，周围蚊蝇飞旋，周雷经常得蹲下去集中注意力整穗、去雄、装袋、授粉……一蹲几个小时，一点儿风都没有，有时全身汗透，就像从水里出来。

为了避免中暑，他和团队成员开始向当地农民学习，避开太阳的锋芒，天没亮就下田，中午最热的时候收工，下午三四点钟再去田里。

你见过凌晨四点的稻田吗？团队里年轻的博士吴边难忘这样一幅画面：他跟着周雷一起凌晨四点多下田，那时天还没有亮，田野里格外静谧，月光穿透稻秆、稻叶的间隙，铺洒到稻田里，稻子上还有露水。蹲下去采集样本，能感受到稻田里一阵阵温热的气息，每一株稻子好像都会呼吸。继续寻找、采集……冷不丁一抬头，突然间会觉得很刺眼——哦，太阳出来了。

截至目前，该团队已经培育出"E两优263""亚两优美香新占"等多个抗倒伏、抗病、适合"虾稻共作"的优质高产水稻新品种。在周雷等科研人员的共同努力下，在相关部门的积极推动下，潜江近十万农户在养虾收入之外，又有了虾稻的收入——因为绿色有机且口感好，"潜江虾稻"一度能卖到几十块钱一斤。目前，潜江全市虾稻综合产值超过600亿元，从业人数超过20万人。更可喜的是，如今，"虾稻共作"模式已在湖北全省推广，并辐射至江西、湖南等地。

现在，在一些虾稻共作主产区，不论是当地干部还是种粮群众，一听说周雷他们来了，都热情得很。

三

"香稻？"

"对，香稻，浑身自带香味的水稻，就像花开一样香。"

"胡搞！稻花香里说丰年，'稻花香'就是米的自然香味，你偏要整个花香味的，谁吃？"

作为一个颇有经验的农民，老周始终认为种粮搞那些花里胡哨的东西没用，他不希望儿子"华而不实"。但是他有所不知的是，随着人们生活水平的提高，不同人群的消费需求会有不同。市场有需求，研究就有意义。

又是一次次深一脚、浅一脚的"田间寻宝"，又是一个个枯燥的试验研究。周雷和他的团队终于成功培育出一种既可以少施肥，又口感丝滑、自带香味的水稻。大家给它取了个好听的名字——"华夏香丝"。

"华夏香丝"的特性是要求少施肥。然而在传统认识里，少施肥意味着可能减产减收，因此农户们有顾虑，不敢轻易试种。

"一亩田需要14公斤氮肥，至少12公斤，不能再少了。"湖北天门市渔薪镇种植大户老吴种了半辈子田，是本乡知名的"土专家"。对眼前这个"自以为是"的"做种子的"，他毫不客气："如果按照你的方法，才施那么点肥，不减产才怪！一茬稻子一年收成，可不敢开玩笑！"

周雷拍着胸脯表态："参照去年的产量，如果示范田里稻谷减产了，损失的部分我们农科院负责补齐，行不？"见对方不接话，他又补充道："不管农科院解不解决，如果减产了，你找我周雷，我对你负责。你同意，我们就签合同！"话都说到这个份上了，那就试种上吧。

2020年秋天，经历了催芽、播种、育苗、返青、分蘖、抽穗扬花、灌浆等漫长周期后，渔薪镇示范田里的香稻终于进入成熟期。

"怎么样？产量、香味都理想吗？"大家边走边问。

"到了就知道了。"这个老吴，还卖个关子。

在离示范田近百米的地方，一阵清香就悠悠飘来，十分好闻。大家迫不及待地下田，只见稻穗上，一颗颗饱满的稻谷密密麻麻地挤在一起，一串串、一片片，直把稻秆压弯。好一个大丰收！大家兴奋极了！

2022年夏，武汉一度出现极端高温天气。这一年9月16日，在武汉市黄陂区孟巷村"湖北农业科技'五五'工程示范基地"，放眼望去，200多亩连片的"华夏香丝"，沉甸甸的稻穗低着头，已然成熟。

经专家和种粮大户现场取样测产，"华夏香丝"实测亩产湿谷1404斤，平均亩产干谷1235斤。这意味着，在长时间极端高温的天气下，周雷团队研制的香稻新种具有高产、多抗性。

武汉某种业公司负责人信心满满地表示：经过3年努力，力争"华夏香丝"种植面积超100万亩，农民年增收3亿元，米企盈利超15亿元。

"优质不高产、高产不优质"是我国水稻育种领域的一大难题。周雷始终认为，二者一定可以实现平衡和统一，通过培育和改进一个个良种，有望突破这个难题。

四

为了用自己的手攥紧中国种子，端稳中国饭碗，实现粮食安全，农业专家们奔向了同一个方向——海南南繁基地。

南繁基地也是周雷和团队成员的第二办公区。每年冬天和次年春天，他们会集中来到这里开展研究，时间长达数月之久。沉浸在南繁基地的试验田里，成了周雷他们的日常生活。

在南繁基地，苦和累自不用说，更难的是要承担较大的科研压力。"有时候是自我加压——组织上把科研任务交给自己，怎么能辜负了这份信任呢？"

周雷的儿子生日在4月11日，刚好是他在南繁基地科研最忙的时候。

从出生到现在，周雷还没陪孩子过过生日。

大概是前年某一天，也是在南繁基地。正是科研的关键当口，周雷一整天都泡在试验田里。稻田周围，鸣虫叫个不停。这个时候，手机铃声响起。那边传来儿子的声音："爸爸，你什么时候回来？""还没定，正在忙着，先这样哈！"刚挂了，铃声又响起，还是儿子："爸爸，你到底什么时候能够回家？"周雷有点急了："太忙，最近回不去。挂了哈！"

忙完一天，累极的周雷回到宿舍倒头就睡。第二天看到妻子发来的信息："今天是儿子生日！他很想爸爸！"

一股愧意涌上周雷心头。

但他很快又被自己说服了——就分开几个月，何况还有妈妈陪着他不是？

"到南繁，如闭关。工作上、生活上的很多杂事找不到你了。"在南繁基地，周雷全身心扑到研究上，有更多时间更深入地思考科研问题。比如有关"水稻耐冷基因"的研究思路就是在这里愈发清晰起来。

"低温冷害造成粮食减产"是困扰我国农业科研人员的一大难题。从研究生阶段开始，周雷就跟随导师李自超教授攻关，终于在2017年首次成功克隆并解析了水稻生殖生长期耐冷基因CTB4a的分子机制，这一成果宣告了中国在水稻耐冷基因克隆领域的领先地位。

"通俗点说，我们将北方粳稻的耐冷基因，克隆到南方籼稻种子的基因中。再用五年左右时间，水稻就有望从品种上解决低温减产的问题了。这样我们国家就不用再担心低温带来的粮食风险，老百姓也不会遇到低温年景就减产乃至绝收了。"周雷的讲解让人振奋。

经过10多年艰苦努力，如今，周雷和团队育成的"鄂中5号""广两优272""巨2优60"等优质水稻新品种，已累计推广5000多万亩，累计增产粮食超过30亿斤。

2022年5月初，湖北省农科院粮作所水稻党支部书记、水稻杂优研究室主任周雷被授予"中国青年五四奖章"。

面对荣誉，周雷越来越认识到：自己所做的不再"只是一件小事"，而是关系国家粮食安全的大事。为"中国碗"装满"中国稻"增添底气，为"中国稻"装上"中国芯"不遗余力，作为一名农业科技工作者，应该坚定这样一种信念！

为彰显对青年科学家的器重，湖北省农科院粮作所相关负责人致电周雷父亲，专门道贺。

"他做了什么成绩，得到这么高的荣誉？"

"他和团队培育良种，为国家粮食增产30亿斤。"

"30亿斤？"

"对，相当于你们洪湖全市70万人口大约10年的大米口粮。"

"好小子！没想到种田还真种出了点名堂！当然，主要是你们领导得好！"

"他是我们共同的骄傲。您为国家培养了一个农业科学家！"

载誉归来，周雷把荣誉奖章拍照发给父亲。很快，那头发来一行字——准确地说，是"知道了"三个字，加上一个"大拇指"表情。

看到这个"大拇指"，周雷心头一热，百感交集。他不禁顺手抱起儿子，还要带儿子下馆子。

"爸爸、爸爸，你怎么这么高兴？"

"嘿嘿！我的爸爸表扬了你的爸爸，咱爷俩一起高兴高兴，好不？"

（作者为李思辉，《人民日报》2023年03月25日08版）

王荣荣——

月季的芬芳

陕南4月，是月季花盛开的时节。安康城中，公园、绿地、广场、街头巷尾，品种繁多的月季花竞相盛开，到处都是一幅幅姹紫嫣红的美丽画卷。

清晨，她从位于安康汉江四桥附近的家中出发，戴着红头盔，身着红衣衫，骑着一辆白色踏板摩托车，滚滚车流中，如一束流动的红月季。一心赶路的她，无心欣赏身旁的美景，一路疾驰赶往家政服务公司。

伴着晨光，她走进以自己名字命名的"王荣荣省级技能大师工作室"，开启新一天的家政技能教学工作。

王荣荣，"全国扶贫职业技能大赛金牌""全国技术能手""全国五一劳动奖章"获得者。37岁的她，经历了怎样的蝶变人生？

一

每次走进工作室，王荣荣总会一眼就看见墙上那张特意布置的励志海报。它时时提醒着自己：当你努力朝着自身的目标前进，整个世界都会为你让出道路。

记忆如汉江水般汩汩流淌。在安康汉滨区关庙镇长大的王荣荣，从小就很懂事。2001年初中毕业后，她用稚嫩的肩膀帮父母分担家庭的重担，支持弟弟妹妹上学。没有高学历、没有任何技能的她，只能打零工，上缫丝厂当选茧工，到商店当售货员，在餐馆里当服务员。24岁时，王荣荣结婚，第二年孩子出生，一家人的生活幸福而踏实。

不料，一年后，丈夫在一次体检中被确诊为急性淋巴癌晚期。这一消息犹如晴天霹雳，打破了一家人宁静的生活。家里本来就没什么积蓄，王荣荣只得向亲朋好友求援，凑钱给丈夫治病。可最终，仍未能挽救丈夫年轻的生命。

丈夫去世后的一段时间里，王荣荣一直住在自己父母家中。亲戚朋友常来家中走动，虽说没有一人来催债要债，但倔强的性格还是让她下定决心："丈夫治病欠下的钱，自己一定要尽早还上！"

王荣荣选择前往城里打短工。

一天，王荣荣的手机铃声响起。原来是村里发来的一则培训月嫂的信息。这则信息顿时引起了她的兴趣。月嫂的工作内容是照顾新生儿母亲及新生儿。王荣荣听别人说过这个职业，现在月嫂的市场需求很大，而且零投入、薪水高。自己可以去做这份工作吗？她有些心动。但同时还有几分忐忑。虽说自己也是一位母亲，这些活儿她应该很熟悉，但月嫂还有相关培训，说明并不是想象中那么简单。

不过，信息里的一句话再次吸引了她的目光——"贫困户参加家政培训，培训费用全免。"2018年时，当地政府了解到王荣荣的情况后，已将她家列入建档立卡贫困户。也就是说，一分钱不花就能学到挣钱的新技能。这对于家境贫困的王荣荣来说，无疑是雪中送炭。她久久地盯着手机。要不试试吧？多学一门技能不是坏事，没准能发现新的机会。

王荣荣立即报名。参加培训后，她才发现，如今育儿越来越讲究规范，当中的学问也越来越多。认真的她一句不落地听完所有课程，厚厚的笔记本上记得满满当当，有空的时候就反复琢磨那些笔记内容。她对照模具，不断地尝试给婴儿做抚触的力度和步骤，练习抱起婴儿、给婴儿换纸尿裤等动作规范。她练得非常投入，晚上回到家里还抱着枕头继续练。

20天后，凭借优异的成绩，王荣荣通过考核，被一家家政服务公司录用，成为一名月嫂。从此，她告别打零工的生活，持证上岗，开启了新岗位上的新生活。

二

走上新岗位，成为一名月嫂，王荣荣将培训中学到的知识运用到实践中。她坚定地相信，依靠扎实的技能和细心的服务，自己可以成为一名合格乃至优秀的月嫂。

照顾新生儿，抱姿和眼神交流很重要。在客户家中，王荣荣会用眼神和声音一边逗引孩子，一边伸手将孩子慢慢抱起。她知道，抱仰卧的宝宝可一只手伸至宝宝的头颈后及背部，另一只手从另一侧托住宝宝的臀部和大腿，让宝宝在她的手臂上感到安全舒适，然后轻轻地将宝宝抱起，使宝宝尽量靠近自己的怀抱，紧紧依偎着她。

对于新生儿的任何反应，月嫂都需要给出回应。有的新生儿一到晚上就哭闹不停，多是穿着不适、腹部不适、疝气、缺钙等原因。若是新生儿肠绞疼，就会脸胀得通红，小拳头攥得很紧，一声接着一声哭闹。若是脑袋左右摇摆，不停啼哭，那是饿了。若是睡得好好的，一旦往床上放，就挣扎着哭，那是缺乏安全感的表现，需要将其揽入怀里……处理这些新生儿的常见问题，王荣荣早已非常熟练。

在一位客户家，给一个刚出生4天的婴儿做抚触时，王荣荣发觉孩子的头不会往左偏。她怀疑孩子斜颈，便告诉其父母。孩子的父母带孩子去医院检查，果真如此。这个微小的细节让客户对她刮目相看，本来约定服务26天，一下子延期3个月。那段日子，王荣荣每天坚持给孩子长时间按摩，导致双手拇指关节处患上了腱鞘炎，疼得连筷子都握不住，只能用其他手指攥着勺子吃饭。3个月后孩子复诊：脖子恢复正常！她喜极而泣，感到所有的付出都值得。

走入育儿新职场，王荣荣主动承诺3天试用期，如果客户对自己的服务不满意，就不收费。她娴熟的专业技能和优质的服务，总能折服客户一家人，让对方放心地把孩子交给她照顾。

经历过苦日子，更懂得珍惜今日甜。王荣荣珍惜这来之不易的工作机会。不光是当月嫂，还有育儿嫂、护理员等，她把家政服务的各个工种都干了个遍。照顾老人，她把老人当亲人对待。有一位客户家，老人大小便失禁。每次王荣荣都会带上塑料手套，用手纸帮老人擦拭干净，给老人手洗衣裤。老人实在过意不去，她却总是微笑着说："没事，谁都会有老的一天！"

王荣荣下功夫努力做好工作，直至每项工作都得心应手。就拿家政服务中的营养配餐这一项来说，她可以根据不同人群的特点，细心地为新生儿母亲、婴幼儿、失能老人、上班族分别准备不同营养成分的健康餐饮。

两年时间里，不断收获着良好口碑的王荣荣，很快成长为金牌月嫂，月收入从3000多元涨到1万多元。她也越来越感受到家政服务这份职业的价值所在，社会需要优质的家政服务。

2020年8月，全国扶贫职业技能大赛在山西大同举行。王荣荣作为公司选派的参赛选手，参加家政服务员项目的比赛。总决赛题目是虚拟家中有一位偏瘫老人和一个3岁小孩需要护理。在他们午睡醒来前10分钟，完成适合他们食用的水果拼盘，拼盘既要有艺术造型，又要有营养搭配，既节省生活成本，又提高生活品质。拼盘完成后，将老人扶上轮椅，给老人做康复训练操，让老人愉快地食用水果。然后唤醒小孩，让孩子快乐地吃水果，教他背儿歌或古诗。

通过决赛和总决赛的家务料理、母婴护理和养老照护3个模块的"硬核"比拼，沉着稳健的王荣荣从来自21个省份的38名选手中脱颖而出，获得家政服务员项目金牌！

拿着金牌，王荣荣落泪了。金牌的背后，是她刻苦的训练和长久的坚持。

公司培训实操室里，王荣荣专注地练习做牛肉饼。一不小心油花溅到手背上，她用冷水冲洗一下，继续和面、揉面团、煎肉饼。直到姐妹们惊呼："你的手咋啦？"这时，她才发觉手背起了两个水泡，热辣辣地疼。刺破水泡，戴上橡胶手套，她又继续埋头练习。

东方的天际刚刚露出鱼肚白，王荣荣就已出家门，去美食街牛肉饼摊位前观摩学习。炎炎夏日，她在城区两家星级酒店的厨房辗转，跟着大厨反复练习刀工……

三

王荣荣获奖后，北京一家家政公司开出每月3万元的高薪，聘请她去做家政服务培训。可是她婉言谢绝了。她说："家乡更需要我，我希望带领更多姐妹，尤其是年轻的从业者们，通过技能致富，助力乡村振兴。"

2021年9月，王荣荣成为家政服务公司的培训讲师。她希望更多人可以直面她这样一个"鲜活的教材"，从自己的经历和经验中受益。

讲完第一节课，王荣荣的手心紧张得全是汗。然而，从学员的表情和反馈来看，效果并不理想。还得从头学起！回到家，王荣荣在电脑上下载名师课程，边学边练。她让家人充当学员，听了之后提意见，还对着镜子或在空旷的田野上一个人讲课。

通过反复练习，王荣荣的授课水平不断提升。她真诚地对待每一个学员，手把手地教，耐心地指出不足。她积极地鼓励学员："没有什么难的，只要有一颗做好服务的心。"学员们的反馈也越来越好，都说："有了王姐这位导师，我们学技术越来越有信心了。"

齐应云是王荣荣培训过的学员中的佼佼者。2022年5月参加培训后，她在安康城区做月嫂，月薪达到近9000元。她至今仍记得王荣荣讲课时说过的："家政服务是最诚实的职业，你的付出与收获永远成正比。你学得越多，客户对你的信任与尊重就会越多；你努力得越多，拿到的薪资自然就越多。"

如今，在公司每一期家政培训12天课程中，王荣荣的授课就占到两天时间。她和大家分享自己的故事，讲授儿童的早期教育引导课程，这些内容都很受学员们的喜爱。

研究家政知识和行业动向，备课、教课，运营公司社交媒体账号，帮助公司拍摄其他家政从业者的短视频，受邀到企业和学校演讲……这是王荣荣现在的生活日常。

王荣荣是平凡的，但她却靠着自强不息诠释了"三百六十行，行行出状元"的道理。今年1月，她又当选为陕西省第十四届人大代表。她就像秦巴山中那随处可见的月季，默默地盛开，坚定地绽放，寻找自己的芬芳之路。

（作者为梁真鹏、曾德强，《人民日报》2023年05月10日20版）

吉克达富——

筑梦高空的山里娃

初夏的山西太原，雨水似乎比往年多了一些。

吉克达富坐在六十米高的高空塔吊驾驶舱内，紧张地注视着正下方的吊钩。这里是位于山西太原清徐县的一处施工工地，工地上五座塔吊的对讲机里同时响起吉克达富的声音。他叮嘱班组成员："下雨天尤其要小心，制动刹车片容易打滑，一会儿去上面检查下'卷筒'，一旦钢索绳'脱槽'，轻则钢丝绳报废，重则造成事故……"

眼前这名个子不高、工作一丝不苟的小伙子，名叫吉克达富，是山西一建塔机分公司的一名塔吊司机、作业班组长。脱下工服与安全帽，他又是爱笑的大男孩。工友们喜欢叫他"达富"。

如他的微信名"奔跑吧青春"一样，二十六岁，正是青春绽放的年纪。吉克达富选择了百米高空，在一平方米的驾驶舱内"腾云驾雾"，用坚韧书写着别样的青春。

一

十年前，从四川大凉山深处达觉村刚来到山西的吉克达富想不到，有一天他会荣获"中国青年五四奖章"这样的荣誉。

达觉村与"悬崖村"阿土列尔村仅一山之隔。读书时，吉克达富每天带着妹妹，徒步两三个小时去隔壁另一个村子上学，遇到难走的悬崖路，他们就手脚并用地攀爬。吉克达富笑着说："现在每天爬塔吊梯子，也是小时候打下的基础。"

"那时上课坐的是长条板凳，午饭就在学校吃，校长给我们煮米饭、熬酸菜汤。"那时，连烧饭的柴，都是学生家里"众筹"的。

吉克达富的母亲，是名勤劳、善良的山村妇女，她用言传身教深深影响着吉克达富。"大凉山很大，我们的村子在山上，很偏僻。遇到过路讨水喝的人，母亲会给来人倒上茶招呼。她对我说：'来的人都是客。'"吉克达富说。

两个妹妹相继出生，对于靠务农生活的吉克达富一家而言，经济负担越来越重。十六岁的吉克达富开始去外面的世界闯荡。

2013年，吉克达富跟同村人一起来到山西朔州，那是他第一次走出大凉山。雁北之地干旱少雨，冬天极冷。那年冬天，刚来到陌生环境的吉克达富，白天把汗水挥洒在工地，晚上在被窝里悄悄抹着眼泪。

吉克达富不知道的是，不放心他的母亲也跟着来了山西。看到母亲突然出现，吉克达富"哇"的一声哭了出来。此后一年，两人在砖厂打工，达富搬砖，母亲也跟着搬砖。一年后，母子俩攒了一万五千元回了村。家里用这笔钱在乡镇附近的村子买了一个小院儿，生活方便多了。

第二年开始，吉克达富开足马力，跟着工程队马不停蹄地在各个工地做活。就在那一年，吉克达富遇到了自己生命中的"贵人"——塔吊司机高建全。

塔吊作业时有盲区，需要地面工作人员通过对讲机联络塔吊司机，辅助提示。这个提示员的工作，一般由施工队的"小工"负责。

吉克达富就是这个"小工"。当时，仰望着百米高空中的高师傅，吉克达富满心羡慕。吃饭休息的工夫，吉克达富就凑上前去，问各种他好奇的问题："在上面碰到大风天怎么办？钩子钩不稳，东西掉下来怎么办？……"

同为90后的高建全，对普通话说得有些吃力却浑身透着机灵劲儿的吉克达富很有好感。几个月后，工地工程结束，默契配合了很久的两人吃了一顿"告别饭"。高建全告诉吉克达富："以后想来学塔吊，我这儿随时欢迎你！"

后来，吉克达富又在机械厂流水线上干了两个月，但他一直对开塔吊念念不忘。吉克达富在QQ上联系上了高师傅，他开门见山："我能不能跟你学开塔吊？"他想过，如果高师傅不答应，他就先过去，不挣钱也跟着学。没成想，那边答复很干脆："来吧！我正好需要帮手。"

于是，吉克达富成了高师傅的"小跟班"。在宿舍，师傅睡下铺，他睡在上铺；在塔吊上，师傅在前面干，他在后面看。站着学习了一个多月，吉克达富坐到了驾驶位上，师傅在旁边指点。

"别让你徒弟干了，耽误大家功夫！"对讲机里，地面人员起着哄。刚坐到驾驶位上，吉克达富的脑子是蒙的。看起来简单，真坐在那里开始操作，他发现脑子不够用了——前后、左右、上下，六个方向总共十八个挡位，右手负责起落，左手负责变幅回转。这些动作组合起来，想做到"又稳又准又快"，还真没那么简单！

吉克达富天生有颗要强的心。别人中午下来休息，他就在上面操作，别人晚上下班了，他还在上面待着。实习期的一个多月里，吉克达富常常在高空驾驶舱一坐就是一天，"不敢喝水，拿个面包片上去顶饿。"更多的时间，他在琢磨：怎么能利用"大臂"惯性，提前预判位置？用什么配速，能够解决"俯角"误差？

也是因为这份心，实操开塔吊，吉克达富进步很快。刚过一个月，他就能独立操作塔吊，没用半年时间，他就顺利通过公司考试，成为一名合格的塔吊司机。

往后的时光，吉克达富的技能一直在不断提升，他也因此频频在不同层级的技能比赛中获奖，先后获"三晋技术能手""山西省五一劳动奖章""山西省特级劳模""全国五一劳动奖章"等荣誉称号。2023年，吉克达富又被授予"中国青年五四奖章"。

见过吉克达富的人，都对他那双明亮的眸子印象深刻。不管后来取得多少荣誉，他还是那个真诚清澈的山里娃。

二

身处四十米高空，胳膊开始发颤。本该顺肘抓梯而上，但因小臂发酸，只好逆肘抱着梯子往上攀爬。往下一看，心里更是"咯噔"一下，双手抱紧不敢动弹——一个由钢圈组合成的螺旋通道直通地面，除了安全绳，再无附着物可以依靠。衣物剐蹭的"刺啦"声，头盔碰钢梯的"咚咚"声，风灌进头盔的"呼呼"声，让人更加紧张。

一下、两下，向上攀登，二十分钟后，终于来到十二层楼高的塔吊作业平台。驾驶舱里的空间非常逼仄——这是一个呈二百七十度开放的"大玻璃罩"，只有一平方米左右，驾驶位和挡把之外，再无空间，连脚都得踩到前风挡玻璃上。眼前的开阔视野，直让人胆战心惊。

这是吉克达富第一次登上塔吊时的感受。如今的他，早已游刃有余："习惯就没事啦。师傅要我记住一点——'别往下看'。"

在驾驶舱坐稳后，下方电机发动，"开工咯！"在"嗡嗡"的大臂转动声中，人的身体也随之变向。地面看，大臂转动的速度并不快；但在空中，颇有种"御风飞行"的感觉。随着吉克达富双手推杆控制，吊钩精准地落到地面一处水泥罐前。这样的动作，吉克达富一天要做上百遍，将上百吨的物料吊往工地各个角落。

"每做一个动作前，脑袋里都要过一遍，想好需要用哪几个挡位、先前后还是先上下，吊钩下到哪个位置就该减速。"吉克达富说："就和起初学普通话一样，先模拟默念上一遍，再学时就'顺溜'很多。"

塔吊车也在不断进步。以前开的塔吊没有"倒挡"，减速全凭经验，通过轻触反方向挡位来达到制动。吉克达富说："现在的塔吊驾驶舱里有了数字化变频挡位，盲区还有视频影像可供参考，智能化设备让驾驶方便了很多。"

吉克达富第一次参加塔机分公司的技能竞赛，就拿到了第二名的好成绩。当时的公司工会主席严红对这个虎头虎脑的男孩很欣赏，每隔一段时间就给他送来新衣服新鞋子。她鼓励吉克达富："不要仰望别人，自己也是风景。"

这句话，吉克达富记到现在。随后，吉克达富获得山西一建技能竞赛专业组第二名。之所以又是第二名，是因为吉克达富"偏科严重"——实操拿了第一名，理论成绩却很差。

吉克达富不甘心，决心要补齐短板。等到代表山西一建参加山西省建筑业第四届职工职业技能竞赛的时候，吉克达富用起了笨功夫——他把题库里的一千道题目看了一遍又一遍，把正确答案熟记于心。吉克达富回看当时，觉得很值得：先熟记，再边学边"实践"。

在塔吊驾驶这个领域，"硬功夫"还离不开"眼力"和"手力"。这次比赛的实操环节，遇到了"垂直运行撞击标准块"这个"硬骨头"。这个项目的要求，是塔吊司机通过操作杆来回拉扯吊臂，吊臂下悬挂的重物连续精准地对地面高低不一的标准块进行砸击，要做到击倒但是重物不接触旁边的障碍杆。

"误差不能超过十厘米。"赛前，吉克达富就和师傅高建全等人交流过这个项目，"连续击中十次，不碰到其他地方，就是满分。"下了班，吉克达富在工地模拟考场，一遍遍地练习。

因为准备充分，吉克达富表现沉稳。前面出场的选手，先后因为操作失误扣分。到他时，他深吸一口气，心无旁骛地驾驶起来，一套动作无懈可击，拿到了全场最高分。随后，在"S过弯""定高停放"等项目中，吉克达富完美通关，最终获得了竞赛专项组第一名的成绩。

三

吉克达富常说："越干越害怕，懂的越多越提心吊胆。"

一次，正在塔吊上的吉克达富，眼睁睁看着旁边工地上的塔吊，由于吊钩不稳，重物直接从数十米高空坠落，将地上的三轮车砸个稀碎。他不禁后怕："离人只有一米多，太可怕了！"

随后，吉克达富在班组群里发了一段长长的语音，提醒大家要注意安全。

去年3月，山西一建大同分公司派员工曲子生到吉克达富所在的工地做工长。第一次见面，两人就闹了矛盾。

年后开工，工地上新塔吊刚立起来。按照惯例，吉克达富要先做安全检查，曲子生却着急干活："你简单看一下，没问题我们就开动了。

二十几个伙计都等着，临时雇的吊车一天也得花不少钱，实在不行，边干边查不行吗？"

那时曲子生还不了解吉克达富的性格，他可是出了名的"不讲情面"。"不彻底检查一遍，不敢给你用。"说着，吉克达富就爬上了塔吊。螺丝松不松、防护栏牢不牢靠、挡位切换稳不稳，他一一确认，最后再试吊一遍。一番初步检查下来，用了三个小时，天都黑了。

别说新工友，较起真儿来，吉克达富对师傅高建全也不客气。

工地上，塔吊只要停工，吊钩就得锚定。一天中午，高建全没有及时固定好吊钩，正好被吉克达富撞见。吉克达富拉下脸说："师傅啊，不要有侥幸心理。""行行行，下次注意。"高建全自知理亏。

随叫随到，是吉克达富的工作常态。"吉克达富离开工地前，都会提前把工作安顿好。有时候工地半夜两三点运来物料，我一个电话，他立马赶到。为了不耽误进度，他经常利用大家吃午饭的时间检修塔吊。"接触没几次，曲子生就竖起了大拇指，"别看年纪小，做事真稳当。"

"跟着什么样的人，就会成为什么样的人。我得用实际行动告诉我的班组，我就是这么干的。"每个月的自检记录表，吉克达富都是第一时间发回。季度考核，公司三十几个班组，吉克达富的班组每次都在前三名。

吉克达富走出大山，不忘大山。他鼓励家乡的年轻人学习技能。在他的带动下，三十多名青年走出大凉山。

今年2月，吉克达富介绍老乡吉克体席来太原学习开塔吊。吉克体席今年十八岁，初到工地，普通话说得还不是很顺畅，一句话卡壳好几次，只能用腼腆的笑容来掩饰。吉克达富知道他的不易："看到他，就像看到当年的自己。"为了让吉克体席尽快上手，吉克达富跟着他一起上下塔吊，手把手地教，毫无保留地将自己的经验分享给他。

几天前，又遇大风天。一次，吉克体席把钢筋放下后，大风把四根钢丝绳搅到了一起，导致吊钩原地转圈。吉克体席尚未意识到问题的严重性，依旧推杆准备抬起吊钩。情况紧急，要是继续抬升，轻则造成钢丝绳断裂报废，重则可能重物坠落造成人身伤害。

坐在后面的吉克达富，马上抢过控制杆。他一边控制吊钩，把钢丝绳反复提放，空转几圈，一边打开门窗，观察卷筒情况。不停尝试，绳子终于解开了。吉克达富的应急处置给吉克体席上了一课。"以后还会面对各种各样的复杂情况，平常基本功一定要练扎实。"吉克体席也很能吃苦，学了一个月就能独立操作了。

这几年，吉克达富受到越来越多的关注。从走出大凉山到走进人民大会堂领奖，从建筑小工到业务骨干，在很多人眼里，吉克达富的经历的确有几分传奇色彩。

"有些事情，可能会觉得够不着，但是努力去做就行了。我刚到山西的时候，也没想到能取得这样的成绩。"面对光环，吉克达富更多地向前看，"这不是终点，是新的起点。"

"未来，你有什么规划？"各种场合，吉克达富总也逃不过这个问题。

"我没想那么远。抓住每分钟、每个机会，一步一个脚印，自然就有好的结果。"

质朴的答案如同他本人。

其实，世间的道理大多是质朴的，关键是去做，并且坚持做。

（作者为乔栋、付明丽，《人民日报》2023年06月07日20版）

逄子剑——

根在基层

　　早晨7点多，牛圈里"哞"的一声拉开了一天的序幕。逄子剑先沿着村民家屋后的养殖小区绕了一圈，再来到麦田里，正在等待收获的麦穗沉甸甸地垂着头。扯了一根麦穗，在掌心揉搓，剥出金黄的麦粒，扔进嘴里嚼了嚼，清甜的麦香在口腔里弥漫开来。

　　对着手心剩下的麦粒拍了张照片，他用微信发给了母亲："妈妈，又一年的麦子熟了，看这样子，今年又是个丰收年。"

　　在南疆乡镇基层工作了9年，逄子剑已经习惯了通过网络向几千公里之外的家人诉说工作中的收获，慰藉彼此的思念。

　　天刚刚亮，收割机还没进地，还有时间再坐会儿。坐在田埂上，倒了倒鞋里的土，逄子剑望着丰收的麦田，9年的点点滴滴清晰如昨。

一

　　2014年，新疆喀什地区在山东招聘一批毕业生到基层工作，正在找工作的逄子剑交了报名表。

　　"爸妈，我报名去新疆工作了。"

　　接到逄子剑的电话，父母足有一分钟没说话。

"你从出生到上大学,从没离开过烟台,咋想的跑恁远的地方去?"父亲不同意,"在家这边又不是找不到好工作。"

"不行,你3个姐姐都不在我们身边,你再跑那么远,我们一年能见几回?"母亲更是直接否定。

"我还年轻,我想到基层一线去接受锻炼,我一定会向你们证明我的选择没错!"逢子剑铁了心,面对父母的唉声叹气,一遍遍劝说。

拗不过儿子,只能点头同意。他们知道,儿子从小倔强,认准的事儿很少回头。

清晨的薄雾中,24岁的逢子剑背起行囊,踏上了远行的列车,从山东烟台,到新疆喀什,跨越5000多公里。这一路,走了两天两夜。

从海滨之城,到沙漠边缘,一路上,车窗外的景色从水天一色到草木稀疏,再到黄沙漫漫,而后看到沙漠边缘的点点绿洲——干燥、粗粝的热风吹到脸上,提醒他目的地喀什地区疏勒县巴仁乡到了。逢子剑的奋斗之路从这里开始。

2014年起,新疆从各级机关抽调20万名干部到村、社区开展为期三年的"访惠聚"活动。逢子剑在巴仁乡政府党建办工作了几个月后,报名参加"访惠聚"活动。

"既然要到基层,就干脆去最基层的地方。"2015年,逢子剑来到了疏勒县巴仁乡琼克其其村。

一次入户走访,逢子剑来到了正在读小学五年级的萨吉丹·买买提的家中。屋子里有一块小黑板,上面写满了汉字。萨吉丹站在黑板前,忽闪着大眼睛告诉逢子剑,这是爸爸教的。

"如果我来教你,你愿意跟我学吗?"逢子剑轻声问女孩。

"当然愿意,我还有几个好朋友,我们可以一起跟你学习吗?"萨吉丹找来另外5个同学组成了学习小组，逄子剑工作之余就教他们汉字，给他们讲外面的世界。

"他们没有走出过这个村子，无论讲什么，对他们来说都很新鲜。我想在他们心里种下一颗种子。"如今，这颗种子发芽、开花，萨吉丹已经读了大学，看到了更大的世界。

在一次参加"同吃、同住、同劳动、同学习"活动时，逄子剑住在村民阿不都外力·卡德尔家。正赶上种棉花的时节，阿不都外力家缺人手忙不过来，逄子剑就和他们一起下地种棉花。

棉花种完了，逄子剑收拾行李准备搬到下一户人家时，阿不都外力拉住他的手不愿松开："光帮我们干活了，还没好好招待你，能不能在我家再住上几天？"

"我们来就是给乡亲们帮忙的嘛，我再去帮其他人家把棉花种完，等到出苗、锄草的时候，我还来！"逄子剑说。

给村里安装路灯、帮村民一起收割庄稼、为村里的孩子们募集棉衣棉鞋和玩具……看到村子和村民身上发生的变化，逄子剑觉得所有的努力都值得。

每年，喀什地区各个县都要选派两名干部到塔什库尔干塔吉克自治县挂职。2016年底，逄子剑来到了塔县塔合曼乡。在那里拍摄的一张照片，逄子剑保存至今：蓝天白云下，他和牧民一起席地而坐，啃着馕，手里端着搪瓷碗，碗里是刚刚烧融了的冰水。

看着照片，摩托车的"突突"声、马的嘶鸣声和自己的大口喘气声仿佛还回响在耳边。地处帕米尔高原的塔县紧挨着边境线，为了保障边境安全，逄子剑带着护边员们立柱子、拉围栏。

往边境线走，看着不远，走起来得四五个小时才能到。先骑摩托车，到了摩托车上不去的地方,马成了最亲密的伙伴,而到了马都上不去的地方,就只能徒步。每走一步,都能听到自己的粗喘声。

海拔超过4500米的地方常年结冰,而他们所在的地方海拔超过5000米,想喝水,只能把冰块煮化了喝。一只铁皮水壶、几个搪瓷碗跟着他们踏遍了和乡里接壤的边境线。

条件很苦,因为海拔高,逄子剑常常凌晨两点多才能睡着,4点多就醒了,心慌得不得了。但与乡亲们在一起,心里很欣慰。

经过几年的基层锻炼,逄子剑早已融入了当地,他离不开乡亲们,乡亲们也离不开他。

二

水龙头滴答滴答往下滴水,照这个速度,一天也接不满一桶水。2019年,逄子剑到莎车县城北街道任党工委书记。他来到新风路社区入户走访时,发现有些居民家里的水龙头一直在滴水。

"省水也不是这么个省法啊,这样敞着接水也不卫生。"

"逄书记你不知道,这水龙头可是开到最大了,水压不够,水上不来啊!"

上手一拧,果然。"这种情况多久了?怎么没人来修呢?"

一问,这个问题已经有十来年,居民们喝水就一滴一滴地接,而洗衣洗脸用水,大家习惯了拎着桶去绿化带里接绿化用水。

找自来水公司,说管线老化,还要换水泵,想解决这个问题,得花不少钱,没有这方面的资金。

找有关部门,说项目只能管到农村用水,而这里属于县城。

两边都有困难。

"300多户居民的饮水问题,拖了十几年,给群众的生活带来了极大不便。如果再不解决,就是我这个领导干部的失职!"逄子剑连夜调研、做方案。

夜已深,逄子剑敲开了还亮着灯的县委书记办公室,把调研的情况做了汇报。随后,县委书记叫上自来水公司和水利局的负责人,一起去现场察看。

用不上水的300多户居民紧挨着古勒巴格镇恰依哈纳村,县里最后决定将管线改造并入该村的水利项目,统一使用资金。

十来天后,施工方案确定了,施工车辆开进了小区,居民们隔三岔五就能看到逄子剑到现场盯施工进度。施工结束后,拧开水龙头,清甜的自来水哗啦啦流了出来。居民们烧了水、泡了茶,一定要让逄子剑喝上一口。

喝水问题解决后,棚户区改造,是逄子剑要解决的另一个难题。

1600多户棚户区居民的居住条件,让逄子剑揪心。

土木结构的房子,有的墙上已经裂开了缝。地下没有污水管网,居民便在门口挖个深坑当渗井,污水全往里倒,水渗入地下,地基泡得软塌塌。而头顶,电线满天挂。

先从希望社区的600户改起。

要改造,就得先拆迁,这可是个大难题。村民吐达西·吐尔洪不同意:"在这里住了几辈子,你说拆就拆?拆了我住哪?"

面对大家的质疑,逄子剑带着工作人员挨家挨户宣传政策,讲住在这里的危险,讲改造的方案:先让评估公司给现有的房子估价,有条件的,拿了补偿款可以在统一规划下自建;不想建的,政府会在这里建置换房，可用补偿款置换楼房；如果现在的房子估价太低，还可以选择租住新建的公租房。

明白了政策，不少人心动了，在房屋补贴价格测算表上签字摁了手印。几个月后，大多数人家都选好了适合自家的改造方案，但吐达西·吐尔洪仍然犹豫着。逄子剑就一边建新房，一边继续做他的工作。

逄子剑不知往吐达西·吐尔洪家跑了多少趟，讲政策、讲感情，还带他去别人家的新房参观。"你说怕我骗你，现在看了人家的新房子，总该相信了吧？这不比你现在的房子舒服多了？"

吐达西·吐尔洪终于想通了，同意拆迁。逄子剑手机里还存着当天和吐达西·吐尔洪一家在旧房子前的合影。而如今，他们一家早已住进了自建的新房子，宽敞明亮。

三

"今天教大家分辨青贮饲料好坏，这可是养牛的必修课……"中午太阳正晒，200多头牛正在棚圈里悠闲地咀嚼着饲草料，养殖场负责人艾尼瓦尔·艾合买提在棚圈里直播。

艾尼瓦尔是莎车县巴格阿瓦提乡的养殖大户，也是直播平台上小有名气的"网红"——他至今发布了200多条关于养牛的视频，吸引了近14万人关注。"这多亏了逄书记嘛！养殖规模起来了，让我给村里的其他养殖户教技术，还教我开账号在网上讲。"

2021年，逄子剑又回到了他最熟悉的农村，到莎车县巴格阿瓦提乡任乡党委书记，把工作重心放在了乡村振兴上。但企业引不进来，一没产品，二没市场，咋办？先打基础，搞养殖。

这个想法可不是凭空来的，当地有养殖的传统，但规模上不去，全乡仅有4500头牛的存栏量。艾尼瓦尔是团结村的养殖大户，家里养着100多头牛，逄子剑问他有啥想法。"地方太小，牛活动不开，想扩大规模，但是没有场地。"艾尼瓦尔回答。

"只要你有想法，乡里大力支持！"逄子剑答应。

村里有一些空置的简易房，如果能把这些房子协调下来，用来改造养殖场正合适。

逄子剑和村两委班子把这些空房子的主人和艾尼瓦尔召集到一起商量。听了逄子剑的建议，村民们和艾尼瓦尔谈妥了价格，没多久，这里就改造成了养殖场。

逄子剑请了专业技术人员来指导艾尼瓦尔这个"土专家"，教给他在牛不同的生长时期饲料应如何配比。地方宽敞了，技术跟上了，养殖场的牛存栏量翻了倍。

这里的村民家家户户屋后都有一片空地，但大多堆满了杂物。要是把这片地利用起来，养殖规模肯定还能再上一个台阶。

在逄子剑的组织下，连片居住的村民家都将杂物清理了，在空地上搭建起了棚圈。相邻的两家棚圈之间开了小门，从任何一家进去，都能互相连通，形成了一个养殖小区，村民可以随时参观别人家的养殖方式。

拜什艾日克村的养殖小区里，58岁的麦麦提吐尔孙·如孜正给自家的3头牛、10只羊添加饲草料。前不久，他刚卖掉了两只牛犊，赚了1万多元，心里高兴，伺候牛羊也更细心了，"一头牛3年生两只小牛，我喂几个月就能卖给养殖场。能挣这么多钱，日子美着呢！"

通过"合作社＋小区＋养殖户"模式，全乡已建起养殖小区28个，新增了500多户养殖户。目前，全乡牛存栏量达到1.4万余头、羊存栏量达到4万余只。乡里还建起了饲料厂、屠宰场，逐步推动良繁、育肥、屠宰和饲草料加工全产业链发展。

莎车县靠近塔克拉玛干沙漠，最近的地方离沙漠仅2公里，很多土地都是盐碱地。老百姓依靠传统耕作，辛辛苦苦一年，也挣不了多少钱，增收空间十分有限。

如何让农民增收，是逄子剑一直挂心的问题。

他和喀什地区农技推广中心对接，在巴格阿瓦提乡进行15个新品种的南疆冬小麦抗盐碱品种试验。经专家组现场实收测产，其中一个品种的高产试验地亩产接近700公斤，和以前的产量相比，足足翻了一番。

但是，推广新品种时碰到了钉子。喀拉坡塔村的布坚乃提·麦合木提有些犹豫："就这个盐碱地，种啥都不好长，种了十几年老品种了，现在让种新品种，到底能不能长出来？"她说出了许多村民心中的疑问。

那就先种示范田！逄子剑动员部分村民尝试种了近千亩，布坚乃提也试着种了几亩地。没想到，不仅种出了麦子，麦子还长了"个子"。到了年底一算账，粮食多打了100多公斤不说，秸秆也多收了100公斤——做饲草料的秸秆，一公斤也能卖上两块钱。算下来，一亩地多挣400多元，手里多出来的钱让布坚乃提有了信心，今年家里的地都种上了新品种。"粮多草多牛羊多"，是村民对这个新品种的肯定，现在，大家都抢着种。

而麦田不远处，是逄子剑邀请中国农业科学院棉花研究所在巴格阿瓦提乡打造的棉花试验示范基地。眼下，一大片棉田绿油油的，到了秋天，收获的棉籽将会成为明年全乡的棉花种子，让棉花产量再上新台阶。

逄子剑和母亲约好，明年，用新收的棉花为家里做一床暖和的新被子。

现在，父母已经完全理解了逄子剑，支持他的工作。"中国青年五四奖章"就是对他的肯定。

"我的根在基层，我的心也离不开这里的老百姓。"像一棵胡杨一样，如今，逄子剑把根深深地扎在了南疆的土地里。

（作者为李亚楠，《人民日报》2023年06月24日08版）

赵云飞——

煤海深处，青春闪亮

赵云飞，来自河南省林州市的一个贫困山村。

林州，您不一定听说过，但您一定听说过红旗渠。

20世纪60年代，当地10万群众，为了改变千百年来受困于干旱的命运，完全依靠人工，用近10年时间，削平山头1250座、开凿隧洞211个，在太行山的山腰上修建了长约1500公里的水利工程，创造了世界水利史上的奇迹，铸就了自力更生、艰苦创业、团结协作、无私奉献的红旗渠精神。

赵云飞的爷爷、伯父、父亲，都是当年修筑红旗渠的石匠。

石匠，在大山之中，终年累月地敲击石头、琢磨石头，与石头相伴、以石头为生。

赵云飞原本也可能沿着祖辈的脚印，成为一名石匠。但是随着时代的发展，他的人生轨道转向了。他的工地，由山上转向了山下；他的对象，由石头转向了煤炭；他的工具，由铁锤转向了机械——现代化的智能机械。

干一行　精一行

1989年出生的赵云飞，从小与石头打交道。住的是石头屋，走的是石头路，爬的是石头山，就是摔倒，也是磕碰在石头上，带来实实在在的疼痛。石头垒起的太行山，给了他一切。他的祖祖辈辈，他的世界，他的生活，都与石头有关，甚至他的体格，也像石头般坚硬、壮实。

曾经，他的梦想是走出大山，远离石头，在城市里当一名白领。可2007年参加高考后，他被华北科技学院录取，专业是采矿工程。

兜兜转转，仍然是与石头打交道。

他有些沮丧，但很快调整了自己。既然与石头有缘，那就老老实实地走进石头世界吧。况且，人类文明就是从石头世界走出来的，从旧石器时代到新石器时代，再到农业时代和工业时代。而且，石头世界仍然是一个未知世界，蕴藏着无限可能。

大学4年里，他认真学习，钻研各种与矿石有关的知识。由于积极努力，他先后拿到了国家奖学金、国家励志奖学金、孙越崎奖学金等，专业成绩年年名列前茅。

大学毕业时，神东煤炭集团来学校选拔人才。他顺利地获得了进入这家世界一流煤炭企业的通行证，岗位在集团旗下的榆家梁煤矿综采二队。

可以说，入职神东是一件值得高兴的事。喜讯传到家里，父亲却眉头紧锁。首先，他是家里唯一的男孩，父亲希望他毕业后回归故里，早早结婚生子；再则，在这位老石匠的印象里，煤矿处于深深的地下，洞里到处是危险的石头，他担心孩子的安全。

但是，赵云飞的信念像石头般坚硬，他坚持了自己的选择。

他力气大，人又勤快，同事们都愿意跟他搭伙干活。

85公斤的水泵，他抱起来就走；4.2米的单体支柱，他一个人搬运。

有一次，井下换馈电开关，车进不来，只能靠人工。班长说："谁跟我一起抬？"

大家面面相觑。赵云飞从后面挤进来说："我试试。"

两人抬了50多米，到地方后才发现，这个"大家伙"居然重达170公斤！

出力流汗倒是不怕，但很快，更复杂的考验来了。

他学的专业是采矿工程，最适合的岗位本是煤机司机，不料队里缺电工，要将他放到电工岗位上。

说实话，当电工不仅专业不对口，收入也相对较少。想到自身，想到父母，想到现实，他心里七上八下。队里领导对他说，当司机要戴护目镜，你是近视眼，不方便。

确也如此。

那就电工吧，当电工也一样能干好。

可是，井下复杂的电路世界，很快就让赵云飞摸不着头脑了。

跟了师傅几天，他仍然一头雾水，只得沉下心来，从最基础的"开关"学起。

井下开关，远非外人印象中的普通开关。一个开关就是一个电机控制器，如冰箱大小，结构复杂，操作不当就会出问题。

费了九牛二虎之力，他终于把开关原理搞明白了，但具体到现场操作，根本没有那么简单，拆开机器，里面的电路似蛛网、若蜂巢，捣鼓半天，毫无头绪。

可这一切，对于师傅来说，手到擒来。

术业有专攻，不服不行。

他问："要多久才能学会啊？"

师傅说："当个好电工，至少要3年！"

赵云飞没泄气。下班后，他将废旧开关拆下来，抱回宿舍，把线拆了再接，接了再拆。零件散落满床，油污斑斑点点，思绪沉沉入梦。

足足苦熬了一个多月，复杂的线路才像一棵大树的干枝叶果，在他的脑海里形成整体脉络图。一个原本幽暗的世界，悄然变得明朗了……

当电工，他不止干好本专业，别人的事情也帮着做。天长日久，他竟然学会了设备维护与维修、故障处理、安全防护等多种技能，成为队里名副其实的全能手。

面对夸奖，他说话的嗓门不自觉高起来，心中的得意让他产生了小小的骄傲。

2012年9月的一天，井下运输机电缆突发漏电事故，队长通知他赶紧去维修。

关键时刻，却怎么也找不到故障点。

于是，机器被迫停止运行，生产戛然中断。生产中断就意味着产量降低，产量降低将影响到绩效考核。

队长急得团团转，赵云飞一遍一遍排查，却又一次一次失败。

秒针滴滴答答，汗水滴滴答答。

两个多小时过去，才终于在电缆夹板中间一处极其隐蔽的地方，发现了故障铁片。此时，赵云飞已经浑身湿透。

队长也是满头大汗，随后作出决定："这个月，你打破了榆家梁煤矿机电无故障的纪录，罚款2000元！"

这次教训，让他进一步认清了现实：全能不代表全精，若要全精，唯有扎扎实实，唯有从深从细。

于是，他更加投入地学习，废寝忘食地钻研，走进了石头包裹中的煤炭世界，也是一个高度现代化的绚烂多彩的技术世界。

半年后，他被任命为综采二队检修班副班长。

奋斗的志气

过去很长一段时间，由于工业条件和思想观念所限，企业总是愿意开采厚煤层，而轻视薄煤层，造成了国家资源的浪费。

薄煤层，指地下开采时厚度在1.3米以下的煤层。薄煤层也是煤，也是珍贵的一次性能源，不能浪费，既要采得出，又要采得尽。

榆家梁煤矿地处陕西省神木市店塔镇，现在虽然用机械代替了人工，但由于开采煤层厚度小，与中、厚煤层相比，薄煤层工作面开采仍然困难重重。

特别是综采工作面，当最小采高降到1米以下时，正常成年人在井下作业根本无法直起腰身。赵云飞身高1.82米，在井下作业，很多时候需要弓着腰，甚至是爬行。

薄煤层采煤机械和液压支架受空间限制，既要求立柱缸径粗一些，能够提供足够支撑力；又希望立柱细一些，不占太多空间。这真为设计人员出了难题。而综采工作面的单产，只有中、厚煤层的一半，甚至更低。两相比较，可谓多劳而少得。

即便这样也要做，而且要做出成绩，探出新路！

这是煤炭工业绿色发展的需要，这是国家能源长远保障的需要，这是科学技术实现创新的需要！

薄煤层夹在地面下两道厚厚的岩层中间，犹如夹心饼干。在重力作用下，夹心部分极容易变形，导致压架事故。一旦发生事故，将会造成机械结构破坏，严重时会使生产瞬间中断。

为了解决这个难题，神东集团借鉴国外先进经验，在薄煤层开采初期引进了波兰塔高支架。

然而，该支架应用到榆家梁煤矿后，陆续发生了几起压架事故。在中国的土地上，洋玩意儿显得有些"水土不服"。

如何改良设备？

起初，他们想让国外厂家帮忙改进，对方却答复说，我们的产品出厂之前反复调试过，不会有问题。

聘请外方工程师前来呢，费用按小时计算，价格高昂。

赵云飞深受刺激。技术不过硬，处处都受制于人。怎么办？求人不如求己，他苦苦思索之后，决定自力更生。

翻阅资料磨破手指，实地考察走烂鞋底，渴了喝口白开水，饿了嚼口饼干。

没有人知道，在改造机器的那段时光里，他怎样度过一个又一个漫漫长夜。

但他的全部兴趣就在于此。正像战士喜欢枪炮、良驹酷爱草原一样，这是他追求多年的梦想。

终于，渐渐有了思路，渐渐有了方向，渐渐有了方法。

随之，他的建议在论证后得到采纳。矿上根据实际需求，决定同郑州煤矿机械集团开展合作，进行机械改良。

几经试验，成套支架装备在结构性能上大幅提升，基本适应了薄煤层生产需求，压架事故不再发生。

设备改良，技术改进，问题解决，效率倍增。山沟沟里也可以长出先进生产力！

智能变革

2018年前后，工业智能化方兴未艾。我国煤炭行业顺应世界科技潮流，传统煤炭工业开始脱胎换骨，加速发展。

榆家梁煤矿的智能化之路，从哪里开始？谁来吃这第一只螃蟹？

领导找到赵云飞："你们综采二队先上马一套国产智能采煤机，怎么样？"

赵云飞点点头，心里却在打鼓。

上马容易骑马难呀，智能化很大程度上代表着无人化。以前，工作面一直有人在跟机巡视，如果把这些人撤走，万一出现事故，影响生产，如何是好？

他决定以身试机。作为技术负责人，自己不先来，又能让谁来呢？

于是，他通知撤下员工，独自走进工作面。连续几天监测、观察，但对机器不操作、不干预。终于确定，无人化是可行的，消除了大家的惶恐心理。

谁知正式投入生产，问题便开始出现。有一次由于震动剧烈，采煤机的机身竟然四分五裂！看来，机械设备的设计制造与生产实际，还是存在距离。

而这一切，都需要现场工程师来解决、来改进。

于是，他又一项一项观察、实验、调整，而后向厂家提出意见，进行改进。

每天参加完生产调度会，他必须下井察看现场。

偌大的作业现场，随时都可能有情况发生，这儿怎么修，那儿怎么建。已经开创的产量纪录需要保持，层出不穷的新问题需要解决。稍有偏差，就是几十万几百万元的损失啊！

有时候，晚上失眠睡不着，他就到井下转一转。渐渐地，黑黑的煤炭、隆隆的声音，平息了他内心的躁动。

针对智能化采煤机械出现的不同问题，他经过苦苦思索和反复试验，设计出了不同的改进工艺，比如"以顶控底""顶模板+底平刀+底调整""顶预测+模糊计算""顶模板+模块调用"……半年时间里，这样大大小小的改进多达50多项。

但不久，智能化采煤机械的最大缺陷显现了，那就是三角煤区的回采难题。

所谓三角煤区，就是自动化机械手在工作面来回采挖，到拐弯处时，形成的一个三角地带。自动化机械手在这个三角地带作业时，不仅速度变慢，还可能造成工程质量问题，影响产量。

国外煤矿是如何解决类似问题的？

他们认为这是机械作业的客观现象和天生缺憾，无法改进。

但赵云飞不甘心。接下来的日子里，他对三角煤区进行了仔细观察。针对不同的运行区间，将煤机和支架的动作做出分析和固化，一点一点试错，一点一点修改，像蚂蚁搬家一样。每操作一步，他都会聚精会神地观察并记录下每一点改动带来的细微变化。

一个月后，他终于成功对三角煤区工艺编辑固化，使煤机得以在正确的位置完成正确的动作。而后，他又利用端头"顶模板+定采高"的割煤策略保证了工程质量。

不断尝试，不断改进。最后，无论在割通段、返刀段、扫底煤段，还是斜切进刀段、吃三角煤段，无人设备均能跟人工操作相媲美。而且，高度可靠的执行性使无人化生产工艺远远优于人工割煤！

无人化，是不是就不需要人了呢？

虽然智能科技大大解放了生产力，但在生产过程中，随着采场条件不断变化，难免会有需要人工调整的地方，这就又出现了人机配合的问题。

若收到调整信息，工人必须精准发送命令，做到令行禁止、使命必达。

对此，他一边改进编辑模板，一边培训复合型操作人员，用班组示范的形式，教一个、带一个、帮一个，毫无保留，从而保障了生产效果。

随着智能化的深入推进，榆家梁煤矿的作业人数明显减少。具体到综采二队，从12人精减到8人，从8人又缩为5人，最后只剩下3人。

在产量不变的情况下，人员大幅减少，但工效显著提升。

更令人惊讶的是，即便在千里之外也能遥控指挥大地深处！

蓝天白云之下，黄土沟壑之间，绿色覆盖黑色，巨龙般的皮带运输长廊，与周围的环境浑然一体……

2020年1月，神东煤炭榆家梁煤矿被自然资源部纳入国家级绿色矿山名录。

2021年6月，全国煤炭行业职业技能大赛在山西运城举行，主要考核智能化参数设置、现场故障处理两项指标。赵云飞凭借精湛的技艺，带队一路过关斩将，独占鳌头，获得全国冠军。

2022年12月，榆家梁煤矿顺利获评"A类智能化矿井"。

从2011年正式入职榆家梁煤矿，赵云飞已在这里整整干了12个年头。

当初和他一起来的15位同学，有的跳槽走了，有的转岗去了办公室或别的部门，只有他还一直留在生产一线。

由于专业精通，他好几次被集团分公司借调，有时一走就是一两年。家搬了6次，妻子也只好跟着他，工作换了6回。

幸好，近几年他结束了漂泊，在陕西神木大柳塔镇买了房，一家人总算安顿下来。

多少年了，他就是这样，点燃青春，埋头前行。

采访中，我总想让他尽量把荣誉背后的故事多说一些，无奈他的嘴巴总是"笨拙"，讲不出来。

生于红旗渠，投身榆家梁，赵云飞希望青春的自己像一朵洁白的云，在煤海上空永远地飞翔……

（作者为李春雷、高会武，《人民日报》2023年07月19日20版）

徐乃超——

大漠戍边的情怀

　　越野车在一片古老的土地上辗过。此行目的地是位于我国边境一线一个叫查干扎德盖嘎查（村）的地方，我们要去见战友徐乃超和他的妻子李文娜。他们俩，组成了内蒙古自治区第一家戍边夫妻警务室。

　　车从阿拉善左旗巴彦浩特镇驶出，一路向北颠簸了300多公里。要是在内地，这距离恐怕早已穿县过市甚至跨省，然而在这里还只是在一个旗（县）里转悠。目之所及处，只有黑色戈壁和漫漫黄沙，除了偶尔遇见的骆驼，我们很少能看见走动的生物。

　　车猛然停下，终于到达目的地。眼前出现一片整齐的院落，门口是两座砖混结构的蒙古包，院内，庄严的国旗迎风飘扬，这便是我们心心念念的戍边夫妻警务室了。站立着的两个人，我认出了徐乃超，而旁边的女警，想必就是他的妻子、戍边夫妻警务室辅警李文娜。

　　许久不见徐乃超，他依旧如故，制服笔挺，言语不多，但双目炯炯有神。与李文娜则是第一次见面，令我意外的是，她非常爽朗健谈，而且特别爱笑。

　　突然，昏黄的戈壁滩上，大风卷着沙尘扑面而来。还没等寒暄上几句，徐乃超夫妇连忙把我们拉进了他们的家。

　　在这里，跟随他们的讲述，我走进了这对夫妻的戍边生活，走进了他们的情感世界……

一

时间回到2022年初，内蒙古阿拉善盟阿拉善左旗，一对年轻的新婚夫妇正经历着"选择"带来的现实考验——

"上级决定成立抵边警务室，我想去！去了那里，我可就是警长啦，管着3000多平方公里的边境管理区呢。"

"那是不是离我更远了？"

"那里的风光特别美，大漠落日，巍巍界碑，去了那里，我可以帮助群众办好多事情。"

"那儿的条件是不是特别艰苦？"

"我不怕吃苦！只不过你要做好准备，我可能不能随时接上你的电话……"

刚结婚没多久，徐乃超给李文娜打来这样一个电话。当时，徐乃超是阿拉善边境管理支队乌力吉边境派出所民警，李文娜是阿拉善左旗公安局情指中心辅警。二人虽说在一个旗，但相距也有270公里。

戍边人的生活似乎总跳不出一个定律，选择了边防就意味着两地分居，这是无法回避的家庭困难。当初，徐乃超也曾谈过几个对象，但到最后无一例外的是，对方接受不了两地生活。直到遇见李文娜，徐乃超的大龄未婚问题才得以解决。结婚时也曾谈及两地分居的问题，包容大度的李文娜对此态度是：可以两地分居，但必须保持电话畅通，既然没办法天天在一起，至少可以做到随时随地保持联系。

可现在，结婚不到100天，这一条底线也要被徐乃超"无情"地冲破。

李文娜内心的担忧不难理解：从270公里到360公里，变换的不是简单的数字，它意味着地理位置更加偏远、自然环境更加恶劣、工作任务更加繁重。最重要的，边境线上信息不畅、交通不便，无论是徐乃超还是李文娜，但凡遇到突发情况，极有可能联系不到对方。

作为在阿拉善戍边十几年的老兵，徐乃超自然懂得李文娜的担忧，但是，出于对这份职业的荣誉感，他一直对边境一线的工作生活怀有一种向往，他渴望着能在边境一线最大程度地发挥自己的光和热。

两人的交流不欢而散，直到睡梦中的徐乃超被一个电话惊醒。电话那头，李文娜嗓音嘶哑，似乎一夜未眠：

"乃超，我想和你一起去戍边。你打你的申请，我交我的报告，与其两地分居，不如我们一起去边境一线共同战斗！"

"可是，那里的条件很艰苦。"

"你不是说有大漠落日、巍巍界碑吗？有你在，我不怕。就这样吧。"

"嘟、嘟、嘟……"电话那头已经挂断。

经过徐乃超所在阿拉善边境管理支队和李文娜所在阿拉善左旗公安局协商，内蒙古自治区首家"戍边夫妻警务室"正式成立。徐乃超和李文娜打起背包，奔赴边境一线，在距离边境线几公里的地方安营扎寨，升起了袅袅的炊烟。

来到边境的第一天，老天爷似乎就想给这对年轻的夫妻一个下马威，刮起了长达3天的沙尘暴。狂躁的大风怒吼着，似乎要把房屋的顶棚掀翻才作罢，尘土拼命地朝着每一处缝隙里钻，小小的警务室到处弥漫着呛人的味道。小两口只能戴上口罩睡觉。沙尘暴过后，房门被沙土掩埋，徐乃超不得不从窗子里跳出，将半米深的沙子铲走，李文娜才能走出房门。

"边疆确实是遥远的存在，这里没有风花只有风沙，没有雪月只有清苦，不过，还好有我在他身边！"李文娜有写日记的习惯，在收到这场强沙尘暴的"见面礼"之后，她在日记本上写下这样一段话。

艰苦的挑战远不止这些。吃水要到20公里外的边防连队去拉，菜由85公里外的银根边境派出所供给，仅有的风力发电只能维持4个小时的夜晚照明，通信则只能靠信号扩大器勉强维持手机基本通话，走出警务室几公里，信号就一点没有了。洗澡、看电视、网购更是只能存在于脑海中的奢侈。面对困难，小两口自己想办法，炉子坏了自己动手修理，没有柴火就到野外去拾枯树枝，没有网络信号就听收音机娱乐。不过，最难熬的是午夜。一阵阵呼啸的风夹杂着野狼的嗥叫，听得直叫人脊背发凉。

当新鲜和激情退却，如此艰苦的条件下，城市女孩李文娜能否在边境待得住？这成了压在徐乃超心上的一块石头，但很快，这个顾虑就打消了。

警务室有5间房，分别是厨房、办公室、宿舍、库房和供往来群众歇脚的休息室。在两人宿舍的墙上有一张大大的结婚照，格外引人注目。原来，为了营造家的温馨，李文娜费了九牛二虎之力，将这张结婚照带到了警务室。徐乃超问及原因，李文娜说："家要有家的样子。从今以后，进了家门，我说了算！"

"对，你说了算。"徐乃超掩饰着内心的喜悦，帮助李文娜一天天把这个"家"布置了起来。

彼此之间有了爱人的陪伴，徐乃超和李文娜战胜了一次次挑战，成功在边境一线安下了家、扎稳了根。

每当夜深人静时，李文娜总是嚷着让徐乃超讲述他的经历。二人相恋1年，结婚3个月，在一起的时间加起来不到60天。现在好了，他们可以有大把时间回忆过去，畅想未来。

二

1991年，徐乃超出生于内蒙古呼和浩特。家中不少长辈都在部队当兵，这让小乃超对军旅生活充满了向往。

2008年12月，徐乃超终于穿上这身橄榄绿。新兵下连后，他被分配到内蒙古最西部的武警阿拉善盟边防支队（阿拉善边境管理支队前身）服役。火热的部队生活让他每天都在成长。两年义务兵服役期满，他毫不犹豫地递交了继续服役申请书："这个兵我还没有当够！"

2011年，黄河阿拉善段发生险情，部队立即进行抢险救灾。徐乃超毅然报名，奔赴抗洪一线。在堵住一个缺口时，战士们将沙袋填进去，却眼见着一个个沙袋被冲走。怎么办？现场指挥当即决定派人深入水中去钉木桩，以阻挡沙袋被冲走。"我来！"关键时候，徐乃超又是第一时间报名。任务圆满完成，他获得了军旅生涯的第一次嘉奖。

"要组建维和警察防暴队了，听说是去非洲利比里亚。"2014年初，正在老家休假的徐乃超接到战友的电话。

"这是很多军人梦寐以求而不得的机会，我应该报名！"虽然对"维和警察防暴队"知之甚少，也不清楚那个遥远的国度究竟如何，但身为军人的徐乃超本能地觉得，出国维和也是报效祖国的一种方式，是值得一辈子骄傲自豪的事。

第二天当确定消息属实后，徐乃超立即取消休假返回部队，递交了报名表，参与选拔训练。"训练3个月，需要熟悉掌握30多个训练课目，一天只能睡6个小时，光作战靴就磨坏了6双。"那是徐乃超所经历的人生中最严酷的军事磨炼。凭借着一股不服输的劲儿，最终他从几千名报名者中脱颖而出，和其他139名战友一道如愿戴上了蓝色贝雷帽。

胸前佩戴国旗的徐乃超终于到达了遥远的西非大陆。"蚂蚁有蜜蜂那么大；一不留神毒蛇就会出现在你的面前；那种半米多长绿色的蜥蜴，就像我们这里的'沙爬爬'（阿拉善沙漠地区的沙蜥）一样随处可见……"

那里的天气会"变脸"，一会儿晴空万里，炎热无比，一会儿电闪雷鸣，倾盆大雨。长期的暴晒和风沙，使得几乎没有人能逃脱皮肤皲裂、脱皮的折磨。

2014年埃博拉病毒肆虐西非，面对随时到来的危险，徐乃超所在的中国第二支赴利比里亚维和警察防暴队没有一人退却。

"还有一件事情令我非常难忘，每次我们出去执行任务，利比里亚的小娃娃都会跟着我们的汽车跑。非洲的孩子认识中国国旗，他们知道我们是文明之师、威武之师，所以特别喜欢和我们打交道。"

"维和的经历使我真切地意识到：我们并非生在和平的年代，而是生在和平的国度，身为中华儿女，是何等幸福！"

……

"这就是那枚'联合国和平勋章'的故事。"

李文娜被徐乃超的讲述吸引着。"人非生而无畏，只是心有担当。我们一定能守好祖国的边境。"望着大漠戈壁中的繁星点点，李文娜发出感慨。

当晚，她在日记本中写下一句话："有一种经历，叫忠诚！"

三

在警务室3000多平方公里的边境辖区里，仅居住着8户群众。徐乃超夫妇的到来绝对算得上轰动辖区的事情。牧民们热闹地议论着这对夫妻民警的到来。当然，淳朴的他们知道小两口初来乍到，肯定会遇到很多困难，自发地伸出了援手。怕夫妻俩冻着，恩图格日勒送来柴火；怕警务室没有水吃，胡日岱送来一车饮用水……

"人心换人心，不干出个样子来，就对不住辖区的老百姓。"夫妻俩下定决心。

警务室组建后不久，徐乃超夫妇就开始了警务工作，下乡走访、边境踏查、抢险救援……他们要尽快熟悉辖区的情况。

"咱们能不能申请一个医疗室，我负责管理。"一天，李文娜跟徐乃超提出了一个想法。原来，夫妻二人在下乡走访时得知，年逾古稀的蒙古族额吉（妈妈）敖云高娃患有老年慢性病，每天都得到85公里外的银根苏木去做理疗，来回170公里的搓板路，既耽搁了牧业生产，又加剧了病情发展。李文娜看在眼里，急在心里。徐乃超当即表示赞成，并很快向上级反映了情况。10天后，便民医疗室组建，不仅配备了20件医疗器材，还随车带来3000元常备药品。后来，在李文娜的精心照顾下，敖云高娃的病情有了很大改善。现在，她已经可以骑上小摩托追赶骆驼、牧羊了。

牧民焦多文夫妇年事渐高，儿女又常年不在身边，家中许多重活都积攒下来。徐乃超夫妻定期到老人家中劳动，从饮羊喂羊到盖圈垛草，小两口练就了一身干牧活的本领。牧民们竖起大拇指："小徐警官干起活儿来，就是个牧民的样子嘛！"

"便民商店成立了，都是米面粮油等日常生活用品，有需要的随时联系我。"

"告诉大家一个好消息，便民快递点开通了，谁需要寄快递来警务室，大家的快递我也帮着签收，下乡时带过去。"

"警务室新来了一批图书，主要是牛羊防疫和沙生植物种植的，大家感兴趣的可以来看看。"

徐乃超和李文娜不断延伸着服务群众的触角，短短一年多时间里，小小的警务室变成了阿拉善左旗北部边境地区的"文化中心"。而他们也成功完成了由"外来户"到"自家人"的转变，牧民家里有大事小情，第一个想到的就是他们，连做顿好吃的，也一定让小两口来吃一口。

徐乃超还将附近群众纳入群防群治组织，牧民在放牧的同时，自愿当起了哨兵。徐乃超这边有任务安排时，哪怕家里的活儿再忙，大家都会二话不说受领任务。用牧民的话说："咱自己的国家，自己的土地，必须要守好！"

斗转星移、日升日落，大漠边境的岁月里，徐乃超、李文娜奔波在边境一线，耕耘着夫妻俩共同的事业。每一次和丈夫共同巡逻踏查边境线，在庄严的界碑面前，李文娜总感觉有一种无形的力量使她变得坚强勇敢。"和爱人共守边疆，用脚步丈量祖国土地，这种油然而生的自豪感，绝不是三言两语就能说清的。"李文娜说。

2023年5月，徐乃超获得"中国青年五四奖章"。颁奖结束后，不爱拍照的他专门请别人给自己照相："这枚奖章里有妻子一半的功劳，我想拍一张最好看的照片发给她。"千里之外的李文娜也抑制不住内心的激动："他是我的骄傲，是我们全家人的骄傲。"

如今的徐乃超，依旧会给李文娜讲故事，不同的是，听众由一个人变成了两个人。2023年6月7日，徐乃超和李文娜的女儿出生了，夫妻俩给孩子取的小名叫漠漠。徐乃超说，是为了纪念他和妻子守护的这片沙漠。徐乃超计划着，等到明年，就让李文娜带着孩子来边境，一家三口一起戍守边疆。他说，在边境成长的童年，更有爱国情怀，也更有责任感。

眼下，徐乃超的工作还有很多，帮牧民们的阿拉善奇石找销路，想办法出售牧民们的羊和骆驼，为群众安装净化水设备……他一直在忙，忙着他所热爱的边防，忙在祖国和群众需要他的地方！

（作者为牛鑫，《人民日报》2023年07月24日20版）

姜国强——

金龙村的种菜能手

一

清晨，大地在清脆悦耳的鸟鸣声中醒来。重庆市南川区大观镇原山的薄雾散去，天一下子放晴了。

站在原山那一丛野杉林下，山风轻拂，极目远眺，映入眼帘的是蜿蜒流淌的龙川江、层层叠叠的稻田、袅袅升腾的炊烟和岁月静好的秀美村庄。

走进大观镇金龙村，翻土、播种、育苗、移栽，到处是一片忙碌的身影，空气中弥漫着草木和泥土的芬芳。乡亲们播下希望的种子，等待收获沉甸甸的果实。

此刻，在村中的蔬菜大棚里，一个小伙子正被一群村民围在中间。他半蹲在埂子上，手里拿着一株刚从泥里拔起的南瓜苗，详细讲解蔬菜的种植秘诀："打窝要用打窝器，一根藤上只留一个瓜，小南瓜要在十点之前采摘……"

这个中等身材、皮肤黝黑，着一身迷彩服的80后小伙子，便是重庆市南川区腾春蔬菜专业合作社理事长姜国强。

姜国强出生在四川泸州叙永县的一个小山村，父母都是地道的农民。

他从小跟着父母在广袤的田野上玩耍,乡村的一草一木带给他太多欢乐的记忆,他对土地有着深厚的感情。后来,姜国强决定辞掉工作,回老家种菜。当他把这个想法告诉父母时,遭到家人的坚决反对。父亲务农一辈子,好不容易供儿子上了大学,现在儿子又要回来和庄稼地打交道,他心里过不了那道坎。为了不让父亲难过,姜国强没有回老家种菜,而是选择了环境优越、气候宜人的南川区大观镇,成立了蔬菜合作社。

理想很好,但实际干起来却困难重重。对于蔬菜种植经验不多的姜国强来说,想实现创业梦想并不是件容易的事。就在他准备大干一场的时候,一盆冷水劈头盖脸向他浇来。

那年,姜国强种植的萝卜、苦瓜、辣椒等大丰收。他花了90元钱租了一辆小型货车,装上3000多斤萝卜,高高兴兴来到城里农贸市场卖菜。姜国强以为,一车萝卜少说也得纯赚2000多元。可从中午到傍晚,他吆喝得口干舌燥才卖了56元。晚上天气突然转凉,一阵风,一阵雨,冻得姜国强牙齿咯咯哒哒直打架。天亮了,又冷又饿的姜国强在街边吃了一碗小面,揣着一天一夜赚到的130元钱,心情低落地返回大观镇。

姜国强纳闷,自己一腔热忱,起早贪黑泡在大棚,为什么种出来的蔬菜卖不出去?是口感差?还是品相不好?思来想去,姜国强决定用几天时间走访市场,一家一家比较蔬菜的品质和价格。终于,姜国强发现了问题的症结——自己种的蔬菜由于施肥不当、光照不足,卖相与口感都相对差一些。第一年,姜国强亏损了10多万元。

面对家人失望的目光,性格倔强的姜国强不服气,不认输,继续种蔬菜。由于缺乏技术支撑,加上资金投入不足,姜国强又连续亏损了3年。在最穷困的时候,他身上只剩下200多元,连购买种子的钱都没有。

在他看不到希望的时候,南川区农业农村委和大观镇人民政府了解到相关情况，主动上门，给予资金支持和技术指导。农技人员不仅指导姜国强施肥浇水、把握温度等一系列细节，还建议他把握市场走向，错季种植蔬菜。姜国强茅塞顿开，立刻按照专家建议改变思路。为节约成本，耕地、覆膜、管护等，姜国强都亲自动手。他慢慢摸索出了一套标准化种植模式，创业之路逐步走上正轨。

二

蔬菜育种是与时间赛跑的过程，株型、长度、口感、抗性等都需要花时间选育。

这些年来，姜国强整天"泡"在大棚里捣鼓蔬菜。整整10年，他捣鼓出了各种花样，捣鼓出了不少名堂。

前几年，姜国强听说市场上有种"翡翠丝瓜"，不仅外形美观，而且肉质细腻，很受市场欢迎。但这一品种因气候、土壤等因素的制约，有重庆人尝试种过，却没有种出来。姜国强打算试一试，用3亩地、4个大棚做试验。初次育种时，眼看就要开花结果了，却滋生了双毒病和根结线虫病，茂盛的藤蔓一天天枯黄，最终绝收。姜国强打起精神，一边上网查阅资料，一边请农技人员到现场指导。农技人员告诉他，重庆土壤酸性重，光照不足，没有轮作习惯，长期用化肥造成土壤板结，容易滋生双毒病和根结线虫病。

姜国强不死心，到山东寿光请教老师傅。在寿光，姜国强了解到"翡翠丝瓜"的生长特点后，才恍然大悟，原来自己从土质培育的第一关就出现了问题。回到重庆，他严格按师傅教的种植流程，培养土壤有机质，将土壤酸性调整成中性，并进行高温闷棚消毒，注重精细化管理。

"奇迹"终于发生了，第一批"翡翠丝瓜"被姜国强种出来了。

姜国强高兴极了，给父亲打视频电话，分享喜讯。看到儿子手里的"翡翠丝瓜"，父亲紧锁的眉头慢慢舒展了。

丝瓜种植的密度、窝距，一藤两瓜还是多瓜，留多少叶片？都需要在不同的大棚进行试验。

天还没完全亮，姜国强打着手电筒钻进育苗大棚。他不时蹲下身子，观察丝瓜苗的生长情况，伸手抚摸绿得发亮的瓜叶，偶尔发现有花朵藏在绿叶间，好像俏皮地对着他笑。他对丝瓜的催芽、育苗、压蔓、搭架、施肥、授粉、采收各个环节仔细观察，反复琢磨，精心侍弄，最终研究出密度30厘米、17片叶开始留瓜、一藤一瓜的丝瓜高产栽培技术。

姜国强种出的丝瓜，颜色翠绿，体态匀称。每根丝瓜粗细、大小、长短几乎一模一样，深受市场和顾客的喜爱。

如今姜国强的蔬菜园，从传统蔬菜到错季蔬菜再到精品蔬菜，应有尽有。大棚一个紧挨一个，红红的番茄像小灯笼一样挂满枝头，翠绿的丝瓜拉弯了藤蔓……

为了监测蔬菜的生长过程，姜国强在蔬菜基地搭建了活动板房，吃住都在那里，一门心思研究怎样种好蔬菜。晚饭后，他喜欢独自一人在田野散步，望明月，数星星，听蛙鸣。眼前那一排排整齐的大棚，那一片一片长势喜人的蔬菜，都令他欢喜，晚上睡觉都美滋滋的。

美丽的田园风光，常常给姜国强带来灵感。一次，南川区中桥乡有人请他去做蔬菜种植技术指导，他发现一家养牛场牛粪堆积如山，姜国强突然萌生用牛粪种植草莓的想法。

怎样将牛粪变废为宝？姜国强尝试用牛粪发酵养殖蚯蚓，然后用蚯蚓粪做成营养袋，每天定时定量向草莓根部输送有机营养元素，培育出了油亮红润、果肉鲜嫩、口感爽甜的精品草莓。

10年的创业打拼，让姜国强明白，蔬菜种植绝对不是传统意义上的一把锄头、一块土地那么简单。想让蔬菜种植省时省力高质，必须得靠科技种植。姜国强对大棚进行了智能化改造：在人工智能控制室，用手机遥控打开投影仪，几十间整洁的大棚的滴灌、喷洒、病虫害防治等数据在大屏上不断滚动更新。这套自动化智能系统，可测棚外风速、光照，也可监测棚内土壤的温度、湿度以及蔬菜的发育生长情况。利用手机或平板电脑在后台监控，便可远程种植，实现精细化、数字化管理。就这样，姜国强成了远近闻名的"科技农民"，引来了不少村民到蔬菜基地参观学习。

三

随着生意越来越红火，姜国强开始琢磨，自己的蔬菜基地虽然经营得不错，但是当地的蔬菜种植整体竞争力不够，缺少足够的规模效应。若是能集零为整，把分散的土地和零散的经营资源集中起来，就能形成整体合力，提高本地农产品的竞争力，带动更多农民富起来。经过一番研究，姜国强决定找当地6家小规模企业谈合作。

没想到，当他提出这个想法时，遭到了其中两家的反对。这两家企业的经营者认为，姜国强以整合为名，实则是变相将他们的企业吞并，便坚决不同意。好心遭到误解，姜国强知道是自己没有将理念讲清楚。他连日做这两名经营者的工作，把创业联盟的思路和经营过程仔细阐明，同时核算成本，向他们描述未来前景。两名经营者终于被姜国强的专业和真诚打动，也明白了这是为了提高大家的整体收益，于是同意加入创业联盟中。

姜国强整合周边6家农业企业，成立南川区农业创业联盟，实行"统一标准、统一技术、统一品种、统一销售、费用均摊、独立核算"的模式，并与多家超市签订合同。成本降低了，品质提升了，销售渠道畅通了，创业联盟方式很快得到了大家认可。

春节期间，在外打工的年轻人陆续回到老家过年。当大家看到昔日的撂荒地重新焕发生机，规整的蔬菜产业园不断扩大，便纷纷要求加入蔬菜合作社，向姜国强学习蔬菜种植技术。在蔬菜基地，乡亲们一年四季都有活干，除了土地入股分红，每天还有上百块的收入。越来越多外出打工的乡民回到老家，让这块土地重新热闹起来。

2018年，姜国强担任白沙镇分水村第一书记。这对姜国强而言，是个不小的担子。组织信任他，也是希望他能把自己的经营和种植经验教给乡亲们，带领大家共同致富。

姜国强向群众讲解圆形西葫芦的种植，当地有名的种植能手、60多岁的韦勇带着疑惑在人群中听，听着听着，韦勇惊愕地张大了嘴巴。在他看来，姜国强在吹牛。可半年后，姜国强指导种植的40多亩西葫芦，每天像变戏法一样，源源不断地产出，每亩每天可采摘5000至6000斤，惊得当地村民们目瞪口呆，也让韦勇这个种了几十年庄稼的老把式打心眼里佩服。

姜国强日复一日、年复一年奔波在乡间小道上。谁向他请教，他都免费将自己的独门诀窍一股脑倒出来。周边乡村的村干部纷纷慕名而来，邀请他为村里的农业产业和蔬菜种植"指点迷津"，姜国强经常在田间地头召开丝瓜、黄瓜、南瓜等种植现场会。他成了"全国农村青年致富带头人""全国劳动模范"，当年苦于卖不出去菜的青涩小伙子成了种菜能手、致富达人。在姜国强的带动下，周边乡村蔬菜种植成效显著。

今年初，姜国强又在南川流转1200亩土地，应用最新的"稻菜"轮作技术，使蔬菜的育苗、移栽和上市时间与水稻错峰，达到稻菜"双高双优"目标。

下一步，姜国强决心把重庆的精品蔬菜销售到更多地方。对此，他信心满满……

（作者为熊昕，《人民日报》2023年07月29日08版）

丁　姣——

画出美丽人生

她压根儿没想到，那一朵无意间闯入她生活的向日葵，会成为让她振奋的契机，让她这位曾数年处于高位截瘫状态的90后女孩，活出了人生的精彩。

她是"用画笔记录温暖，传递正能量"的"全国大学生自强之星"，她是"全国优秀共青团员""山东省劳动模范"——漫画师丁姣。

一

若不是2岁时不幸患病、3岁时不得不做那个"术后一夜回到婴儿状态，连坐都不能"的手术，丁姣本可拥有五彩的童年。但她的童年里，只有医院的白墙、白衣和打不完的吊瓶涂就的灰白色。

"那时，我大概六七岁吧。有一天，无聊地翻着电视频道，突然看到一位老师正在教小朋友画画，我一下就被那欢快的场景、金灿灿的向日葵吸引住了……"虽说已是20多年前的事了，可在丁姣清泉般悦耳的声音里，那情那景宛如发生在昨天——

瘦瘦小小的丁姣，随即抓起桌上做算术题的纸笔，跟着电视上的老师和小朋友一起画了起来：先画一个大大的圆圈，然后在里面打上小网格，每个格子里点上一个小黑点，象征着一粒粒饱满的瓜子；之后，在外面一圈一圈地画上漂亮的花瓣……丁姣没有彩笔，就睁着黑葡萄似的大眼睛，惊喜地看着电视里的小朋友给向日葵涂上金亮亮的黄色，染出一朵又一朵流金淌蜜似的向日葵，"顿时觉得心里好暖、好甜"。电视教学节目结束了，丁姣从此爱上了画画，尤爱那抹暖暖的金黄和那朵始终围绕着太阳转动、成长的向阳花。

那一次，丁姣虽然没能画出金黄色的向日葵，但老师一遍遍重复的那句话——"我们一定要画出向日葵朝气蓬勃的精神"，却像冬日的暖阳、雾中的明灯，在她小小的心田里种下了一粒种子——

我虽不能像别的小朋友那样，可以在楼下自由自在、快乐无比地行走、奔跑；也不能像他们那样，可以背上漂亮的小书包，欢欢笑笑、成群结队地到学校听老师讲课，但我仍然可以朝气蓬勃，像那朵昂然挺立的向日葵，甚至是窗外那些小野草，不管风雨怎么吹，最终都会立起来，健健康康地成长。

"我一定要站起来！我一定能站起来！"丁姣对自己说。

二

苦心人，天不负。2007年春暖花开之际，经过14年浸透着汗水、血水和泪水的漫长治疗、康复训练，当初术后连"坐起来"都无法完成的丁姣，终于能扔掉拐杖，摇摇晃晃地独立行走了！

同年9月，治疗、康复之余刻苦自学的丁姣经过学校的考查测试，如愿走进课堂，成为一名在读学生，而且是一名直接跳过小学、从初中一年级读起的中学生！

"第一次面对这么多同学和老师,感到很紧张,不知道该如何与大家相处。"虽说这之前,丁姣也零星地参加过几次美术辅导班学习,但那多是几个或10多个孩子一起学,且有母亲全程陪伴。现在她要独自与四五十名性格迥异、活泼好动、普遍比自己小二三岁的初一年级孩子同班,丁姣生怕行动不便的自己会给老师和同学们带来麻烦。

将心比心,丁姣替老师和同学们着想,老师和同学们也尽心尽力为丁姣排忧解难,努力帮助她更快更好地融入集体。

军训时,同学们在操场上训练,丁姣则在操场上帮同学们看管衣物、水杯等东西。几天下来,同学们晒黑了,丁姣白皙的脸上、手上也有了明显的"色差",她却十分开心:"能与同学们一起晒黑,感觉自己与他们的距离一下就拉近了,自己真的成了他们中的一员了。"

上体育课时,丁姣因身体原因无法与同学们一起活动,老师就让她在操场旁为同学们加油鼓劲。虽不能参加到同学们的运动中,但能看着他们跑啊、跳啊,为他们鼓掌、叫好,丁姣就跟自己参与其中一样兴奋。

其实,那时刚能摇摇晃晃独立行走的丁姣,身体还相当虚弱、单薄。有时候,她会因熬夜学习、过度劳累而病倒,不得不住院治疗,等身体好点了,才能重返课堂。

"你为什么不能早点休息,少熬点夜呢?"堂姐心疼这个刻苦的妹妹。丁姣却坦言道:"我也不想这么累啊!可我这学习机会来之不易,我不能不努力啊!"

回忆起丁姣的学习生活,她的堂姐百感交集地说:"丁姣走进校园后,所吃的苦、所受的累,一点儿不比之前手术、治疗、康复训练时少。"但丁姣却说她"真的不记得了",之后又仿佛是自言自语地说:"笑也一天,哭也一天,我只想开开心心面对每一天。"

三

高考时，丁姣因为文化课发挥失常，被调剂到一所专科学校。她做通父母的工作，决定复读一年。可就在她交好费用、准备去复读时，那所学校招生办的老师再次拨通了丁姣的手机，诚恳地邀请她"先到学校来看一看再说"。

别看丁姣长着一张笑容甜美的娃娃脸，但她的骨子里却有一股执拗劲儿。她并不准备改变自己的初衷："看看就看看，权当旅游了。"

"你来这儿就读后，我会让你忘记自己是一名残疾人。"乍一见面，就听到这样的"许诺"，丁姣既惊喜意外又有些疑惑，问道："您凭什么能做到这一点？"

"我们准备让你和其他同学一样，靠自己的努力、能力和实力来说话，我们相信我们的学生。"听到动漫学院院长王老师如是说，丁姣的心猛地被触动了。

随后，王院长详细介绍了学院的情况与教学计划，并对丁姣大学的学习生活给出了初步的建议和规划。丁姣听着这些讲解，一个念头在她心里渐渐萌芽：自己在身体上已经站了起来，现在她想在这所学校里，让自己从心理上也一点点站起来，不再把自己当成一个需要照顾的人！

入学后，丁姣才猛然发现：自己曾引以为豪的绘画技能，与一些已会在电脑上作画的同学相比，明显太落伍了。一些同学早在高中甚至是初中时，就会利用互联网查阅资料自学，自己却是到大学后才开始学着用电脑……面对这些年龄比自己小、现代化学习能力和绘画技能却高出自己一大截的学弟学妹们，丁姣倍感压力，但她坚信：自己能一步一步

"走"进大学校园，也一定能"学有所成"地走出校园、走上工作岗位，成为有能力回报社会、回报父母的有用之人。

丁姣勤学苦练的同时，王院长对她这个特殊学生予以了特殊的激励，千方百计为她创造或提供参加校内外各种比赛活动的机会，让她在大大小小的实战中积累经验、扩展眼界。丁姣感叹："这种激励方式，真的很有效、很暖心，也让人更有尊严感。"

丁姣第一次参加全国性的漫画比赛，为了在规定时间内完成创作，她连续七天七夜吃住在教室里，直至如期完成了参赛漫画作品。后来，这组以丁姣自身成长经历为素材的漫画作品《懦懦的梦》，荣获了"第十六届齐鲁国际动漫艺术博览会原创漫画金奖"。

之后，国家励志奖学金、"全国大学生自强之星"称号、"全国优秀共青团员"、各种漫画比赛奖等奖项和荣誉，鲜花盛开般绽放在丁姣成长的路上。

2016年，石榴花开的季节，丁姣光荣地成为一名中国共产党员。

四

2021年8月中旬，随着东京残奥会开幕式的临近，丁姣"越想越觉着，自己必须要为即将召开的残奥会做点什么"。

"中国残奥运动健儿为国出征，同为残疾人的我，必须要用手中的画笔，为他们加油鼓劲。"已经参加工作多年的丁姣，毅然将业余时间全部投入到相关资料的整理和创作构思中。

没想到，开幕式的前两日，她所在动漫公司的领导突然对她说："丁姣，你准备准备，公司和市残联想让你为残奥会画点东西。"

"我已在做准备了，一定努力完成好任务。"丁姣兴奋而响亮地回答道，她的心中闪过一句话：果真是"机会只垂青有准备之人"。

2021年8月24日晚，东京残奥会正式拉开帷幕，中国残奥运动员在赛场上挥汗如雨地拼搏着，丁姣深受鼓舞，在电脑和画板上，通宵达旦地为这些身残志坚、让五星红旗一次次在赛场升起的中国残奥冠军们创作着可爱的漫画像。中国残奥冠军们看到自己生动传神的漫画形象后，纷纷转发、留言。

即便加班加点地创作，丁姣的绘画速度仍跟不上中国队夺冠的速度。比赛结束时，丁姣只画完了42幅漫画像，离96幅冠军漫画像的创作目标还差一大截呢。她的右手手腕因劳累过度拉伤了韧带，她却缠上绷带，戴上写着"勇敢拼搏，不怕困难"的护腕，继续画啊画……

国庆节前夕，丁姣终于如数完成了96幅东京残奥会中国冠军的漫画像创作，实现了她"用自己的画笔，把中国残奥冠军顽强拼搏、勇争一流的精彩故事画下来、传下去"的梦想。

丁姣没想到，这组漫画像作品能有上亿的点击量，受到中国残联的表扬，被数十家主流媒体报道；她更没想到，国际残奥委员会也关注了她的作品，并在次年春发来热情洋溢的创作邀请函，邀请她创作北京2022年冬残奥会主题的系列漫画。

"这也太意外了吧！"面对这份跨越千山万水的邀请函，丁姣喃喃自语道："没想到我的作品，能被国际残奥委员会关注和喜欢。"

"可国际残奥委员会对北京冬残奥会漫画像创作有什么要求呢？"丁姣问自己，也问公司领导，问一直关注她的王院长。最后，她得到的回答是："没什么具体要求，根据你擅长的风格和想象，自由发挥。"

"这可就难了。"丁姣既高兴可以自由发挥，又感到巨大的压力。有的时候，没要求的创作反而比"命题作文"更难找到灵感和方向。加之冬残奥会因天气和场地因素，运动员需要把面部保护好，比赛时都包裹得特别严实，很难看到运动员的面部表情，想要抓住运动员夺冠时的"标志性笑容"，难度陡然增加。

北京冬残奥会的开幕式上，丁姣看到盲人火炬手一遍遍尝试着，终于靠着不放弃的精神成功把火炬准确插上火炬台的场景，泪水瞬间模糊了她的双眼，创作灵感喷涌而出：他们在冰雪上比赛，其实也是战胜自我的过程。永不放弃的精神，就似一双双隐形的翅膀，带着身体残缺不全的他们，在洁白的雪花、晶莹的冰面和曲曲折折的赛道上，勇敢地拼搏逐梦。

凌晨时分，丁姣一气呵成地完成了盲人火炬手成功把火炬插上火炬台的漫画像作品，同时发到了微博上。一天之内，这幅作品的点击量就达到了"10万+"。

丁姣却无暇享受首战告捷的喜悦。她紧跟着赛场上运动健儿的步伐，在她的工作室里苦思冥想地构思着、创作着。不能看到运动员的面部表情，就更多地去观察他们的动作，尤其是独有的、精彩的动作，然后准确、生动、传神地定格、记录下来，再配上可爱的动漫要素，把他们在比赛中最闪光的瞬间生动、形象地呈现出来。

五

东京残奥会、北京冬残奥会，两个相隔仅半年的国际赛事，100多幅残奥运动员漫画像创作，让丁姣有种"跑了马拉松，又参加了五项全能比赛"的疲惫感，她好想美美地补上一个觉、睡到自然醒，可马上又要投入到城市公益卡通形象的绘画工作中……她的知名度越来越高，成了许多企事业单位、中小学校争相邀请进行宣讲的"正能量偶像"。

父母不忍心身体有恙的丁姣如此劳累，劝她减少一些社会活动。丁姣却淡淡一笑说："没事。我可以的，我必须要坚持。"

因她心中有个小小的却如金子般闪闪发光的信念：

"如果我的分享，能够对他人——尤其是一些残疾人朋友、中小学生们——有一点点帮助或启发，让他们更多一些积极向上的心态，那我苦点累点也都值了。能为社会做出一份自己应有的贡献，是一件多么让人开心的事啊！"

听着这样真诚的话语，我仿佛看到，在丁姣逐光而行的征程中，她也把自己变成了一束光，一束温暖、明亮却朴实如初的光……

（作者为蓝茹，《人民日报》2023年09月11日20版）

忻　皓——

"行动并坚持"的22年环保路

盛夏的蝉鸣中，浙江省杭州市余杭区半山村漫山遍野的翠竹随风摆动。

"300家粗放生产的毛竹工厂已经关停，我们正和当地政府一起推动竹下经济发展、竹林碳汇交易，组织科普宣传活动。"浙江省绿色科技文化促进会联合创始人忻皓说。

从宣传环保观念、倡导污染治理，到参与"绿水青山就是金山银山"实践，再到助力乡村振兴，忻皓和环保组织"绿色浙江"见证了生态文明建设在浙江各地的持续推进。

2000年夏天，19岁的忻皓利用就读浙江大学后的第一个暑假，和同学一起骑自行车环行浙江。36天行程2000多公里，沿途所见河道污染、垃圾漂浮的情景让忻皓感到痛心。回校后，他在老师阮俊华的支持下，成立了浙江首家民间环保组织"绿色浙江"。

动员学生参与环保、组织环保志愿活动、宣传环保知识……这是忻皓大学业余生活的主要内容。2003年，即将毕业的忻皓陷入思考：是否把环保作为自己的终身事业？

就在这一年，以农村生产、生活、生态的"三生"环境改善为重点，浙江在全省启动"千万工程"，开启了以改善农村生态环境、提高农民生活质量为核心的村庄整治建设大行动。忻皓感到，自己选择的道路是正确的，一定要把环保组织坚持办下去。

忻皓告诉记者，"绿色浙江"成立之初的第一笔捐赠来自他大学宿舍的管理员，他们的成员不乏售票员、小商贩等各行各业的从业者，"因为绿水青山寄托了老百姓对美好生活的向往。"

22年间，忻皓和志愿者们参与组织了《"吾水共治"圆桌会》，推动职能部门、问题责任方、公众等多元主体开展对话，共同提出环保问题解决方案、共同推进环保问题治理；组织6万多名"钱塘江护水者"，在钱塘江流域开展"同一条钱塘江"巡河护河志愿行动；培育107所学校的5万名孩子成为"小河长"，共同守护家乡的每一寸河道；开发环境监督举报网络平台——"钱塘江水地图"，推动环境治理多方参与，制止了600多起农村环境污染事件……

2015年，忻皓获得"中国青年五四奖章"。

"行动并坚持，是我一路走来的秘诀。"忻皓说，22年来，他从未停下为环保奔走的脚步。

如今，"绿色浙江"已从起初只有几名大学生参与的校园社团，发展为拥有200名会员、10万名志愿者的5A级民间环保组织。

2017年，忻皓回到浙江大学攻读创业管理博士研究生。"我想通过继续学习，寻找民间环保公益组织的可持续发展路径。我的心愿仍然和19岁骑车环行浙江时一样——'让更多的人环保起来'。"他说。

（作者为朱涵、吴梦，《新华每日电讯》2022年07月22日04版）

徐小松——

大山深处绽放美育之花

"老师，我想用松果做一朵花。""老师，树枝可以做成小蜻蜓吗？"初秋暖阳透过树荫洒进教室，在重庆市开州区大德镇大慈中心小学，美术教师徐小松手拿热熔胶枪，指导学生在草编盘上做粘贴画。

这是一堂美术课，也是别开生面的乡土民俗课。脸谱陶罐、枯枝贴画、麻袋壁挂……孩子们的创意美术作品摆满了教室四周。

美育能给乡村孩子带来什么？扎根大山深处20余载的徐小松说："我的愿望很简单，让孩子们有一双发现美的眼睛，增强想象力、创造力、自信心，走出大山，实现自己的价值和梦想。"

今年40岁的徐小松，是开州区满月镇马营村人。山峦叠嶂的马营村，过去是开州最偏远的村落之一。

生长于大山，他明白知识对山里的孩子来说有多重要。2002年，从开县师范学校毕业后，徐小松又回到了大山，在满月镇中心小学教语文。他发现，当时学校师资和教具匮乏，美术课几乎是个摆设，于是自告奋勇成为学校唯一的美术教师。

渐渐地，徐小松意识到自己的美术功底不够用了，在学校支持下，他到四川美术学院进修。

第二年，徐小松回校继续教美术，带着孩子们的画参加县里的比赛，破天荒地获得学校建校以来首个美术奖项。

获奖后，他开始思考山里娃进行艺术创作的更多可能性，"农村物质条件跟不上，但孩子们的动手能力和创造力不见得比城里娃差。"

徐小松带着孩子们就地取材，把身边的材料变成天然美术教具。没有画笔，就把树枝烧成炭条代替；没有画纸，就在石头上、雪地里作画。树叶、狗尾巴草、松果、玉米须……大自然的馈赠，让山里娃在美术的世界徜徉。

从2002年到2017年8月，徐小松把根"扎"在满月镇的高山上。在教育部、重庆市各类教学技能比赛中获奖后，城里不少校长慕名找来，他却始终放不下山里的孩子们，婉拒了更好的发展机会。

乡村美术课改变了很多学生的人生轨迹，一个叫朱成桃的女孩，因患有皮肤病而内向自卑，从来不敢穿裙子。徐小松发现，她下课后常在美术教室外转悠，于是把女孩叫了进来。

利用课余时间跟徐小松学习美术半年多后，朱成桃用枯草做的粘贴画在市级艺术大赛上获得二等奖，她慢慢变得自信起来。徐小松还记得，那年儿童节文艺汇演上，她穿上裙子表演了节目，特别漂亮。

另一个叫彭燕的女孩，家境贫寒，学习美术后，凭借艺术特长考上高中和大学，如今也成为一名美术教师。在徐小松的指导和鼓励下，他的学生一个又一个走出大山，累计有14人进入重庆大学、四川美术学院深造。

2017年9月，徐小松调到大慈中心小学，在区教委和学校支持下，办起开州区首个美术教育工作坊，既面向学生授课，也把教学经验传递给更多的美术教师。

慢慢地，孩子们的作品挂满了学校的教室墙壁、楼梯走道，挂到了青少年宫，还挂到了全国第六届中小学生艺术展演活动等活动现场，斩获数项大奖。

"重庆青年五四奖章""全国优秀教师""全国先进工作者"……这几年，许多奖项和荣誉涌向徐小松，他常常感到像做梦一样："我只是干好自己的本职工作，没想到能获得这么大的认可。"

多年来，徐小松不仅扎根山区讲台，还编写校本教材50余本，探索农村美术教育创新模式。近3年来，开州区总工会引导筹建的"徐小松创新工作室"先后为全区30余所中小学组建美术实践工作坊，策划区级美术工作坊展览10余次。

"徐老师给乡村孩子们播下的美育种子，正在开州城乡开花结果。"开州区教委相关负责人说，开州坚持把美育作为发展素质教育的重要抓手，配备专兼职美术教师994名，常态化开展美育课程现场会、教师培训，广泛开展师生艺术节、书画展等活动，引导学生以尚美之心向美而行。

（作者为周思宇，《新华每日电讯》2023年09月11日03版）

邢　继——

让"华龙一号"从概念变为现实

"我们的初心和目标一直是做世界最先进的核电技术，通过自身努力实实在在取得核安全上的成功。"中核集团"华龙一号"总设计师邢继告诉记者，"实现百万千瓦级大型先进压水堆自主化一直是我国核工业人追求的目标，'华龙一号'是三代核电人共同的心血，很幸运到我们这一代的时候把它变成了现实。"

"华龙一号"的成功研发，在中国核事业发展史上具有里程碑式的意义。目前，中国具有完全自主知识产权的三代核电"华龙一号"不仅在国内落地开工，而且为"一带一路"倡议和我国核电强国建设提供有力的支撑。

作为卓越工程师的代表，邢继不仅是"华龙一号"的总设计师，而且他先后主持完成岭澳二期工程设计、CP1000等研发，为我国压水堆核电技术创建自主品牌作出了突出贡献；他提出"能动与非能动相结合"为核心的先进核安全理论，被国际原子能机构最新安全标准采纳；他推动并参与制定了"数字核电"发展规划，依托"华龙一号"示范工程开发的"数字核电站"也已具雏形，建立了数字电站交付的首个企业标准，实现数字华龙与实体华龙的同步交付。

邢继带领的"华龙一号"研发团队曾获中国质量奖、国防科技十大创新团队和"五四青年奖章"等奖项。邢继获国防科技工业十大创新人物、CCTV年度十大科技创新人物、第七届"全国优秀科技工作者"、"最美奋斗者"、第六届"全国杰出专业技术人才"和国资委首届央企楷模、全国创新争先奖状等荣誉称号。

早在20世纪50年代初，中国迎头赶上原子能时代，核工业时代由此拉开序幕。1964年10月16日第一颗原子弹在新疆罗布泊试爆成功，中国从此跨进有核武器国家行列，邢继就出生在1964年，与"核"结缘。

14岁时邢继喜欢画画，这个爱好保持至今。没有计算机的年代，邢继趴在设计图板上一笔一笔地画，画完叠一层透明硫酸纸再描一遍，因为描得比专业描图员还要工整，这让他得了一个外号"邢描"。

20世纪70年代，石油涨价引发的能源危机促进了世界核电发展。1984年，浙江省海盐县的秦山核电站破土开工，成为中国大陆第一座自主设计、建造的核电站。1987年，从哈尔滨船舶工程学院核动力装置专业毕业后，邢继被分配到北京核二院（中国核电工程公司的前身）。

20世纪90年代初，投入运营的秦山核电站和大亚湾核电站年发电量加起来相当于1952年全国总发电量的3倍。大亚湾核电站采用了法国核电技术，单机容量98.4万千瓦，相比之下，作为当时国内唯一正在运行且自主设计的秦山核电站，功率只有30万千瓦。

1996年，国家提出核电发展方向不再是60万千瓦级，而是100万千瓦级。岭澳二期在秦山二期的基础上实现了中国首座"百万"核电站的自主化，遗憾的是，它不具有完全自主知识产权，不能实现出口。

从1999年起，中核集团（以下简称"中核"）开始着手"二代改"核电机组研发，相继研发出30万千瓦、65万千瓦和100万千瓦级（CNP1000）二代改进型压水堆核电技术，将国际上普遍采用的"155堆芯"扩充至"177堆芯",这些技术都具有自主知识产权,可以实现出口。

"我们虽然两条腿走路,引进、吸收、消化国际上先进的技术,但是真正核心的技术是买不来的。这一点,在引进AP1000这个技术的时候,我感受很深,自主研发的这条路必须坚定地走。不要想着有捷径,可以拿着别人的东西就去做。"邢继说,"过去我们都是埋头搞科研,能研究出来用上去就可以了,现在我们研究的是一个未来的核电产品,可能会承担带动国家走出去的责任,所以必须要有一个自主知识产权的体系。"

邢继介绍,"华龙一号"的核心技术"177堆芯""双层安全壳""能动与非能动相结合的安全设计理念"早在2011年前就有所部署。

2009年年初,在会议上,邢继团队提出CP1000双层安全壳方案,相较于单层,双层的经济性与二代核电技术基本持平,安全性却大大提高了。

2010年,团队又提出了新思路"能动和非能动相结合"这一构想。

在研发阶段,非能动系统需要在反应堆厂房里布置将近3000立方米的水,这几乎成了不可能实现的难题。为了尽快解决问题,很长一段时间里团队几乎"连轴转",无数次的推算试验后,2010年10月中旬终于确定了非能动系统在安全壳内部的布置方案。

国际上,百万千瓦核电站反应堆普遍采用157组燃料组件,而"华龙一号"大胆采用了177组的燃料组件,相比国内在运核电机组,发电功率提高5%～10%,而且降低了线功率密度,为运行后的反应堆增设了一道安全屏障。

邢继认为,能动和非能动相结合的安全设计思路,就是"华龙一号"的方向。经过一次次论证,一项项分析,邢继团队在2013年首次将确定论与概率论相结合的方法在"华龙一号"的设计中应用,为核电站设计安全性和经济性找到了一个最佳平衡点。最终，"华龙一号"共获得超过700余件专利和120余项软件著作权。

"建成三代核电是根本，但要真正实现领跑还要形成华龙标准。标准是话语权，我们不仅要输出自己的核电，还要按照我们自己的标准去建设，这样才能不受制于人。"邢继介绍道。

"华龙一号"标准的制定工作，也正是由邢继带领的中核工程"华龙一号"研发团队承担的。这些标准大到规定"华龙一号"的额定输出功率、单堆布置、0.3g的抗震等级、多重冗余的安全系统等，小到反应堆的堆芯设计、计算机控制系统、具体管道尺寸材料等方方面面。

2020年11月10日，中核集团宣布，"华龙一号"已经形成完整的自主知识产权与型号标准体系，涵盖核电厂前期、设计、设备、建设、调试等全生命周期，可有力支撑"华龙一号"批量化建设和"走出去"。

中核集团党组书记、董事长余剑锋介绍，"华龙一号"是我国的名片，蕴含着我国核工业自立自强的理想追求。中核集团正在加快"华龙一号"批量化建设和后续机型研发，着力推动自主三代核电"华龙一号""走出去"，服务"一带一路"倡议。据介绍，"华龙一号"海外首堆工程——巴基斯坦卡拉奇核电2号（K-2）机组完成100小时连续稳定运行验收，各项性能指标达标，于2021年5月19日正式进入商业运行。这标志着中国自主三代核电"走出去"第一站顺利建成，创造了国际最佳建设业绩，中国核电实现从"跟跑"到"并跑"。

（作者为袁于飞，《光明日报》2021年12月12日03版）

韩 超——

潜行两万里 中国的"深海宇航员"

不久前，国内首个深远海浮式风电平台"海油观澜号"扎根南海，这标志着我国风电开发从浅海走向深远海。很少有人知道，这个深海重器的安装是由一支平均年龄31岁的水下机器人（ROV）操控团队完成的。

36岁的领队韩超是我国自主培养的第一个，也是全球最年轻的ROV总监。如今，他已操控着水下"钢铁侠"在寂静深海中"潜行"超过两万里。从我国首条1500米海底管线铺设，到全球首座10万吨级半潜式生产储油平台超深水锚链系泊，再到我国首条深水SCR（钢悬链立管）回接、主脐带缆铺设……他带着中国年轻团队创下一个又一个海上安装奇迹。不久前，他获评天津市青年五四奖章。

人机合一 靠意念深海"飞行"

中国南海万顷波涛之上，我国首个1500米自营超深水大气田"深海一号"能源站踩波踏浪、气定神闲。它能如此从容，是因为从海底伸出来的像八爪鱼一样将它固定住的16根系泊缆。

这些系泊缆的水下安装者就是水下机器人ROV，它浑身上下有3万多个精密部件。重，可推动上千吨水下结构物的安装；轻，可巧拧两毫米的钢丝。人类潜水的极限是300米左右，人力难以企及的深海便是ROV的"主场"，海底作业由它来完成。

水下机器人的操控者叫ROV领航员，人们给他们起了一个很有意境的名字——"深海宇航员"。而事实上，他们从不下水，在陆地上远远遥控着ROV在漆黑的海底完成各种复杂精细的动作。"靠意念在深海飞行。"韩超这样形容自己的工作状态。

作业时，他的双眼要盯着9台显示器和各种传感器数据，右手飞ROV，左手操作机械手，脚踩收放踏板；他的大脑精准"导航"出船舶、ROV以及水下设施各自的位置，"人机合一是最高效的工作状态"。

韩超之前，中国没有自己的ROV领航员，操纵深海机器人只有外国人可以做到。有人甚至断言，"中国可以把宇航员送入太空，但在ROV这一领域还差得远！"

22岁就登上甲板工作的韩超暗下决心，一定要争一口气。操纵着没有真实触感的机械臂在水下飞行，所有的感官反馈只来自传感器数据和模糊的显示屏画面，这要求领航员不仅要掌握理论知识，还需要有较强的空间想象能力。韩超天天泡在控制间和维修间，反复拆装机械零件，翻阅资料，啃下每一个专业词语，一点点摸清水下机器人的"脾气秉性"。

为了练好"飞行"技能，他抓住每一个实操机会来练习。同事经常看到韩超下班后一个人在办公室里拿着一个鼠标或圆珠笔念念有词，别人跟他打招呼他也不理，"到了有点疯狂的程度"。原来，那是他在用自己的"土方子"演练飞行线路。

苦练了5年的时间，韩超31岁那年考取了国际海事承包商协会颁发的ROV总监证书，成为我国第一名ROV总监和全球最年轻的ROV总监，打破了ROV领域只有欧美人才能胜任的技术神话。

战风斗浪　深海中的"定海神针"

在波涛汹涌的海上操控ROV就像"戴着厚重手套绣花"，水下作业复杂而精细，不会宽容任何细小失误。领航员除了要有过硬专业能力外，还要有强大的定力。

荔湾3-1海管铺设是国内首次超千米深水作业，那是韩超带队首次自主操作ROV。当时南海台风袭来，重十多吨的管子钩头上下起伏幅度超过5米，如同一条恶龙在海中张牙舞爪，而ROV要把这条恶龙擒住，将卡环卡进钩头。

水下浑浊，视线极为有限，挂钩起伏的钩头极有可能直接砸在ROV上，价值几千万元的设备即刻就会报废；若不挂上，船队一天待机费用就高达几百万元，工期也会被拖延。

"所有的人都等着你，成败在此一举，我恨不得把脑袋伸进屏幕里去看挂钩到底在哪！"韩超回忆那个惊心动魄的时刻。他是现场指挥官，必须顶住巨大压力。只见他静静观察钩头起伏的规律，看准涌浪间那不到1秒的稳定间歇，一举将挂环卡进了钩头。

现场掌声响起，他才惊觉，后背全部湿透了。后来他不断优化方案，将数小时的挂钩作业缩短到30分钟，助力项目提前10天完工，节省成本近3000万元。

2021年3月，"深海一号"的"中枢神经线"——主脐带缆铺设遇到了大难题，终端接头对接时发生超过140度的严重偏转，而安装要求偏转不能超过10度。水下多次调整位置均告失败，任何操作失误都将会导致接头严重损毁，对项目投产带来重大影响。

千钧一发之际，韩超目不转睛地盯着屏幕，紧张地指挥着两台ROV，把脐带缆快速拖离海床，再慢慢下放，边放边一点一点地调整角度，终于完成了角度反转和精准对接。

这举重若轻的操作背后，是韩超团队对操作精度的极致追求。他们分解验证了1200多个水下动作，在陆地试验150多天，ROV下水800余次，累计水下作业超1万小时，最终连接器安装速度与国际水准看齐，吸力锚安装精度远超国际同行。仅东区脐带缆铺设一项，就比计划工期提前22天完工，节约成本2800多万元。

过去一年，韩超和团队完成亚洲第一深水导管架"海基一号"等多个深海重器安装。

"海基一号"下水时，在湿拖缆剪切最紧要的关头，韩超操作ROV在瞬息万变的海流之中，寻找到机械手与湿拖缆刚好呈90度的位置，用恰当的力度和速度一次成功剪切，避免了导管架失位风险。而一丝一毫的偏差，都有可能让两者粘连，造成机械手扯断、水下机器人锁死和整个项目的停工。

韩超被同行称为可以在深海"镇住场子的人"。工作16年以来，他带队完成上百个水下施工项目，最多时每年出海超过200天，他操控ROV在寂静深海中"潜行"超过两万里，把中国人的脚印稳稳扎在1500米的大海深处。

让中国成为ROV工程应用"顶级玩家"

中国的ROV比西方起步晚了60多年，韩超清楚地认识到，不走上国际舞台就难以争取话语权。

马来西亚项目"首秀"，他们便遇到了难啃的"硬骨头"。那是个超浅水项目。很多人以为水深越大作业越难，其实浅水对ROV挑战反而更大。因为水流急、能见度低、周围障碍物多，定位十分困难，被视为ROV的"禁飞区"。

不仅如此，这个项目靠近钻井平台，不断有泥浆涌出，环境风险非常高，潜水员不敢下水，亚洲的其他ROV团队也都不敢接手。韩超带领团队出战，一举突破国际行业协会规定的20米浅水作业限制，创造了9米超浅水作业新纪录。

在卡塔尔项目中，韩超带队连续奋战72小时，赶在超强台风抵达前完成作业，避免了船舶待机带来的重大损失。"作业结束时，国外业主团队来到了作业间，跟我们的队员一一握手，并伸出了大拇指，直呼'Well done！ Good job！'"时任项目经理的刘书胜说。

在伊朗、泰国等多个水下项目，韩超团队频频擦亮中国ROV的国际名片。英国厂家称赞他："Mr.Han，你的点子值一万美金！"他也陆续收到了国外机构抛出的"橄榄枝"，有的行业中介直接开出了高昂年薪。

韩超总是一笑而过，在他心中，有比年薪百万更具有诱惑力的项目——带领中国ROV团队征战深水和海外，让中国成为ROV工程应用的"顶级玩家"。

2023年，韩超牵头成立了国内首个ROV"大国工匠"工作室，聚焦引领性、基础性难题攻关。他和团队制定了非常明确的规划，要打造世界一流的ROV作业公司和高水平人才培养基地，建立国内ROV行业技术标准，牵头"卡脖子"技术攻关，推动ROV装备的国产化研发，真正把装备制造牢牢抓在自己手里。

（作者为胡春艳、仝明磊，《中国青年报》2023年05月15日04版）

李　阳——

让无人机成为未来战场的主角

　　盛夏时节，东南某海域，多型战机组成编队贴着海面飞行，朝向重要目标低空突袭。与此同时，一架无人机正翱翔云端，俯瞰海空态势。

　　千里之外，空军航空兵某团无人机大队大队长李阳坐镇方舱内，指挥各席位远程精确操控着无人机。他密切锁定跟踪目标，果断发出一连串指令。

　　一枚枚精确制导导弹从飞机离梁发射，突破"敌方"层层防护圈，直扑目标，海面上浪花四起、火光冲天。

　　"战前不间断侦察、行动中实时引导、打后效果评估……作为新质力量，无人机正在重新定义战场。"身为全军首支察打一体无人机部队的一员，李阳非常清楚自己担负的使命和责任。

　　"我们是天空之眼，是尖刀利刃，是探路先锋。"这名90后无人机飞行员说。

　　李阳所在的部队位于黄沙漫卷的大漠边关，是快递都不包邮的地方。"只有荒凉的沙漠，没有荒凉的人生。"李阳很喜欢这句话，他和战友坚信在这片大漠戈壁，曾经种出"蘑菇弹"，也能飞出一片"新天地"。

　　那一年，年轻的李阳首次参加军兵种联合演练，手拿厚厚一沓行动方案，他找了又找，才发现他们的任务概括起来就是一句话——配合蓝军先期侦察。

满怀期待而来，却坐了"冷板凳"，李阳深切感受到无人作战力量的发展还有很多工作要做，要让别人认可自己，首先要用实力证明自己。

第一天，演练还未开始，李阳操控一架无人机在红方上空盘旋。红方虽然发现了，但并未引起重视。

然而令众人始料未及的是，得益于无人机的侦察监视，红方的兵力布势被摸透。凭借这份重要情报，蓝方大获全胜。

短暂的亮相，却惊艳了众人。兄弟单位战友感叹："无人机不可小看！"归建途中，李阳和同事分享自己对未来战争画面的"狂想"：无人机会是瞰制战场的天眼，是信息传输的节点，是穿透打击的撒手锏，是各军种信息火力的倍增器……

如今，几年后回望，当时的"狂想"正在一步步变成现实，他们与有人机、地导、雷达、远火等力量协同训练，"察"的边界在拓展，"打"的能力在练强，无人机成了体系战场上的"香饽饽"。

有一年，在一场多机型合同战术训练中，承担侦察任务的李阳，配合一架歼轰机对目标实施打击。数枚火箭弹从歼轰机机腹下倾泻而出，可目标并未被完全消灭。

正当众人觉得遗憾时，没想到上级却命令无人机立即补充打击。临危受命，李阳操控无人机迅速掉转航向，建立攻击航线，发射导弹精准"补刀"，将目标彻底摧毁。

2022年，李阳当选党的二十大代表。"增加新域新质作战力量比重，加快无人智能作战力量发展。"坐在党的二十大会场聆听习总书记所作的报告，李阳心潮澎湃。

"我们是无人机种子部队，我愿意当一枚火种，去点燃新质战斗力的熊熊火焰。"李阳带领的团队平均年龄不到30岁，在这个一流的察打一体无人机尖刀团队，"大家都有一种被逼着跑起来的'推背感'。转进时间再快点、人才成长再快点、战斗力提升再快点……"

那一年，李阳奉命执行某项精确打击试验任务，地形和气象影响对飞机和弹药性能把握提出了更高要求。为了打得精准，他对地形地貌做了深入研究，不但查阅了相关资料，还深入一线进行靶场勘测，完善数据信息，制订相应战术战法。

任务当天，李阳与任务组成员密切配合，操控无人机挂弹起飞，穿过山谷朝着目的地隐匿进逼。随后，无人机变换阵位、锁定目标，抓住转瞬即逝的窗口时间，在地面引导下发射导弹精准毁瘫目标。

打击完成后，李阳再次和战友深入靶场，在关键点位逐一记录目标特征、标定航路点等信息，把一手的训练资料带回驻地，为之后执行此类任务敲定出了多个行动细节，对战术战法进行了优化。

这次任务，他们创造了在高空临界值发射导弹、地照小目标精准打击两项纪录，验证了该型无人机在某复杂地域打击高价值目标的实战能力。

近年来，李阳积极参与建立团军事理论研究库，创办无人机作战理论刊物，研究世界先进作战理论，并参与装备研究小组，与院校、科研机构和工业部门探讨故障成因，合力推动装备改进。前不久，他们还对相关软件进行优化升级，有效提升了无人机战场态势感知能力。

"战斗在新领域，每一步都在填补空白。"李阳并不满足已经创造的"多个首次"，"我们要打破条条框框，敢想敢干，闯出一片天地来！"

一次联合演习，李阳伴随掩护地面特战队员实施拔点行动，眼睁睁看着他们接收信息延迟，功败垂成。

事后复盘，原来侦察情报传回指挥所，再通报前方特战队员，兜了一个大圈，不仅传输链条拉长了，而且也容易造成信息的损失和误解。一名特战队员对李阳说："要是我们能实时看到你们看到的就好了。"

这句话回荡在李阳的脑海里，"为什么不想办法实现无人机与一线班排的信息通联呢？"

跟踪了解发现，原来这项工作涉及两个军种，需要协同工作。"没人做，我们做！"李阳向团党委汇报了想法，得到支持后，又联络陆军相关单位和工厂，大家携手推进，打破信息壁垒。

不久后，该通联功能得到开发运用，某型无人机空中侦察画面，可实时回传地面特战队员。特战队员不仅能呼唤打击，而且"长上了一双天眼"，可以跳出二维看战场。

随着新质作战力量的快速发展，李阳带队飞海疆、赴大漠、上高原，与多军兵种、多型武器展开体系合练，丰富了作战样式，拓宽了作战平台。

在反复研读党的二十大报告后，李阳展开了另一番"狂想"：未来，天空将会飞翔着多型无人战机，地面驰骋着无人战车，海面遨游着无人舰船……越来越多的作战力量汇入无人作战"蓝海"，"未来战场将实现全面无人化，而我们操控的无人机，将会成为当仁不让的主角"。

（作者为王裴楠、张博、刘书、周叶青，《中国青年报》2023年08月10日01版）

熊　丽——

她的身影永远留在了抢险救灾一线

2023年7月31日8时许，熊丽在居委会二楼窗户旁来回踱步，时不时望向窗外。在北京门头沟区，受台风"杜苏芮"影响，极端暴雨冲刷着王平镇色树坟村。

这是色树坟村的包村干部熊丽留下的最后一段影像。

7月31日9时30分左右，在前往险情地点勘察途中，熊丽被坍塌墙体掩埋，不幸牺牲，生命永远定格在了36岁。

"我年轻，让我上"

色树坟村村委会主任宗秀山始终记得那个大雨滂沱的早上。他与一名村干部和熊丽一同前去转移村民。可雨下得太大，看不清路，待走过了胡同，他突然叫了一声两名同事的名字，但只有一人回应，始终未能听到熊丽的声音。

王平镇地处北京门头沟中东部，是永定河官厅山峡下段大拐弯地段的起点。据媒体报道，7月31日，位于王平镇下游的三家店拦河闸下泄流量为每秒3700立方米，已经超过了50年一遇的洪水级别。洪水席卷小镇，冲断了树木和电线杆，冲走了车辆，冲垮了部分房屋。

　　起初村民并不知道这场暴雨会带来什么。7月29日起，在门头沟区连续遭遇强降雨时，王平镇全体包村干部都到辖区各村、社区开展防汛指导工作。熊丽驻扎到了色树坟村，完成转移120余名村民的任务。

　　雨越下越大，有村民反映家里出现积水。村委会干部和熊丽挨家挨户协助村民转移。直到31日上午，该村成为门头沟区最大小时雨强点位，短时雨量较大，地势低洼的房子出现漏雨，院子里水势涨了起来。

　　去村民家里做转移工作刻不容缓。王平镇色树坟村居委会人力有限，部分人员年近60岁。熊丽站了出来，"我年轻，让我上"。

　　3个人穿上雨衣，蹚过水流，往村民家里走去。一路上，宗秀山在前面带路，边走边往回看，等绕过胡同再喊熊丽的名字时已经听不到回应。7月31日9点30分左右，色树坟村村中部分老旧危房周边发现险情，熊丽在勘察途中不幸遇难牺牲。

　　"她还那么年轻。"60多岁的宗秀山声音哽咽。和熊丽合作多年，他说："熊丽对待工作非常认真，认准的事情总是会竭尽全力去做。"

永远在为别人着想

　　同窗4年，远在江苏的任红玲不敢相信新闻报道里的熊丽就是她的大学室友。2006年，她们都从农村考到了北京，在北京林业大学就读木材科学与工程专业。在任红玲的印象里，熊丽是一个文文静静的姑娘，在寝室里不爱说话，脾气好，从未见她红过脸，"她就像寝室里的大姐姐，做事情踏实"。

她们常结伴去做兼职。"她常常白天一个兼职,晚上再赶过来和我一起做另一个。"任红玲有时吐槽兼职太累,熊丽就安慰她"再坚持坚持"。

大四那年,熊丽说自己想留在北京,并报考了大学生社工,经历多轮考试,她最终被录取,如愿留在了北京工作。任红玲心里知道,"我们都想通过读书改变自己的命运"。

毕业后,任红玲去了江苏,熊丽成为王平镇的一名大学生社工。两个人的交集越来越少,更多的信息是从彼此的朋友圈中获知。任红玲偶尔看到熊丽会分享单位的公众号文章,分享自己得到表彰后的发言,也晒过自己的宝宝——一儿一女。

在王平镇的13年里,熊丽干过党建,做过信息管理,也做过经济发展相关工作,生前任门头沟区王平镇经济发展办公室副科长、三级主任科员。

做党建工作时,熊丽怕信息出错,就一个字一个字校对。同为大学同学,又共事多年,阎志燕记得,当时有村干部来办公室倒苦水,熊丽就耐心听着,帮他们疏解情绪,还嘱咐下次有困难再来找她沟通。"她虽然不善言辞,但永远在为别人着想。"在阎志燕的印象里,只要遇到困难的任务,熊丽总是第一个冲在前面。

在王平镇人民政府经济发展办公室科员袁颖的印象中,一工作起来,熊丽就成了"拼命三娘"。有一次她身体不适,想硬撑着把材料整理完,在同事劝说下才放下手里的工作去看医生,第二天又正常来上班。

今年5月,王平镇人民政府经济发展办公室举办企业家沙龙活动。熊丽跟同事一起每周至少走访5家企业,回应企业家运营中的困难,宣传招商引资政策。不少企业家对这一举措点赞,愿意来王平镇落户发展。

而熊丽也把青春留在了距离北京市区30多公里的王平镇。

"妈妈去做英雄了"

"她是伟大的妈妈，也是这次任务中伟大的英雄。"熊丽的丈夫刘继为没想到，两人此前的匆匆一面竟是永别。

7月29日起，门头沟区连续遭遇强降雨。一个月前父亲刚刚去世，熊丽作为色树坟村的包村干部带着9岁的大女儿，一起住进了村子，参与防汛工作。7月30日，刘继为赶去色树坟村把女儿接了出来。天气变凉了，他给妻子送了几件衣服。两人见了大约两分钟。他嘱咐熊丽注意安全，熊丽说："我不在家，把孩子看护好。"

7月31日晚间，北京市气象台发布的降雨量统计显示，7月29日20时至31日16时，全市平均降雨量193.4毫米，门头沟区平均323.9毫米；最大降雨出现在门头沟区高山玫瑰园，为580.9毫米。

噩耗传来，女儿问刘继为："以后我没有妈妈了，想妈妈了怎么办？"刘继为强忍悲痛安抚女儿，"你有妈妈，妈妈去做英雄了，很长时间回不来了。"

"她是党的好干部。"熊丽的大学班主任郑文波几次哽咽。在他的眼里，熊丽是见人总是抿嘴笑的小姑娘，是对待基层工作勤勤恳恳的好干部。他在朋友圈写道，"听同学说，她毕业的时候因为喜欢北京这座城市，就留在北京做了（大学生）村官，此后一直扎根北京郊区基层，最终也为她热爱的这座城市献出了生命。心里悲伤不止，望一路走好"。

8月4日，团北京市委、北京市人力资源和社会保障局决定追授熊丽同志"北京青年五四奖章"。

有色树坟村村民在熊丽的追悼文章下留言,"熊丽同志我们是不会忘记你的"。

（作者为杨洁、贾紫萱,《中国青年报》2023年08月10日01版）

董　艳——

用诗歌打开乡村孩子的心灵

　　热爱诗歌，钻研"现象学"，写下上百万字的读书笔记，经常夜读时发出对生命的追问——我是谁？这样的事情发生在一名乡村女教师身上，似乎有些不搭，但这的确是董艳的精神生活。

　　如果不是早早地与文学结缘，董艳可能不会成为一名语文教师。爷爷念过私塾，读过四书五经；爸爸尽管只上完小学，但也喜欢舞文弄墨。成长于这样的家庭，董艳没能享受到优渥的物质条件，但从小就浸染了文化的气息，早早地爱上了读书。真正帮助她打开阅读大门的，还是在金寨师范读书的那3年。图书馆建在山上，她一坐就是一天，没人打扰，看名人传记，研究教育教学著作。她想当一名好老师，教好语文课。

　　毕业后，董艳回到家乡安徽省霍邱县，在冯井镇的一所小学工作，那是她职业成长的第一步。为了当好一名教师，她在寝室里一遍遍地模拟课堂教学，一段段地将《人民教育》上班主任的工作方法摘抄在备课笔记本上，博览教学名家的原著，有空就把自己的教学生活记录下来……外人觉得她这么做有点傻，当个小学教师何必这么苦？可是她就沉浸在自己的世界里，一心琢磨教学。

　　入职一年，她就成为一匹"黑马"——一路过关斩将，拿到了县里小学语文优质课比赛一等奖，之后身影频频出现在各种公开课上。不过，她并没有"因此感受到强烈的幸福感"。

2011年，董艳调回家乡户胡镇中心学校工作。因为嗓子出了问题，她暂停了语文课教学，带起了通识课。恰巧，这段时间给了她重新审视教育教学的机会。闲暇时，她也会去听其他老师的课。作为一名旁观者，她越来越意识到农村学生身上普遍存在的问题：低年级时开朗活泼，高年级时就变得内向冷漠、不易沟通。如何打开这些农村孩子的心灵，让他们自信地面对自己和生活，成了董艳的最大困惑。

困惑一浪又一浪地袭来，让这个工作5年的年轻教师开始了更深层的反思："教育是什么？生活是什么？教育与生活应该以一种什么样的姿态共处呢？我想教学相长，想获得教育幸福，为何苦苦找不到出路？"

就在这一年，霍邱县户胡镇中心学校被纳入新教育示范学校。新教育，是由朱永新教授发起的一个民间教育改革行动，鼓励教师通过"三专"（专业阅读、专业写作、专业交往）能力建设促进专业发展，以生命叙事促进职业认同。通过营造书香校园、师生共写随笔等十大行动，让师生过上幸福的教育生活。

这些崭新的理念冲击着董艳对于教育的认知，激起她的共鸣。"一个猛子扎了进去"，董艳开始了这场教育实验。"给我一个班，我要用诗歌打开孩子的心灵，带着他们走向真善美。"2013年，董艳的身体刚刚恢复，就迫不及待地重返语文教学岗位，并当起了班主任。

"儿童诗短小，孩子很有想象力，容易接受，都很喜欢。"董艳首先开发"那诗意在乡土的歌"课程，引领学生爱上诗意阅读；开启"乡土乐"课程体系，引导学生对农村中的人、事、物等进行挖掘，创作诗歌；针对留守儿童，研发"远方的诗"课程，孩子和父母之间通过每周一封信的书写，架起了"心桥"。

"我们读了500多首儿童诗，我写了500多首儿童诗，学生累计创作了3000多首儿童诗。"董艳介绍，30个学生的儿童诗先后发表在《少年诗刊》等杂志上。更让她感到欣慰的是，自己的学生参加征文比赛拿了省里的大奖，这在之前从未有过。

让董艳最为感动的是，班上有个学生名叫小南（化名），因为智力问题不被其他班级接收，后来被她留了下来。每次带着全班学生读完诗，董艳都会对着这个孩子再讲一遍。那天，她在办公室，突然学生潮水般涌入："小南也会写诗了！"尽管这算不上一句诗，但是小南写出了连贯的语句，不会写的字，还用图画进行了代替。董艳激动地跑到教室，一把搂住小南，眼泪哗哗地往下流。

事实上，董艳的泪水里还包含着一丝委屈。因为诗歌创作，她经常带着孩子去麦地里、秧田旁、小河边观察生活，有同事和家长质疑："把语文书上的内容上好不就行了吗，整那些虚的干吗？"

今天，这些成绩、变化足以打消外人对董艳的不理解，也让她更加自信。在教育实验的路上，她也不再是一个特立独行的人，身边有了越来越多"尺码相同的人"。

2015年9月，新教育萤火虫六安站成立，在乡镇老师、家长的协助下开展农村家庭教育的线上交流活动，通过分享交流阅读经验，逐渐改变农村家长的教育观念。

疫情期间，董艳带领21名义工以"抗击疫情，守护希望"为主题开展线上公益课程"晨诵·共读·说写"的推送，惠及六安市2000多名学生，深受老师、家长和学生喜爱。

现在，在当地教育部门的支持下，"董艳名师工作室"应运而生，全县30多名年轻教师被吸纳进来，形成了教师职业发展共同体。他们定期在微信公号上分享教育叙事、读书心得，很多年轻教师成长为学校的教学骨干。

有学校开出优厚的条件，提供更大的平台，向董艳伸出了橄榄枝。虽然她的确心动过，但更舍不得自己的学生。"我就是农村人，当了农村教师，就该有担当精神，把农村教育做好。我的教育研究目标，是为农村孩子寻找更好的教育，他们离不开我，我也离不开他们。"董艳表示。

9月10日，恰逢全国第39个教师节，董艳当选2023年全国"最美教师"。她更加坚定了自己的信念：陪着这些孩子，继续诗意地行走在广袤的农村大地上。

"乡土教育的根本出发点是立德树人，希望这些孩子热爱美好的乡村生活，每个人都有一份乡土情怀，即使走得再远，也要想着回报家乡、回报社会。"她说。

（作者为王磊，《中国青年报》2023年09月13日03版）

李伟达——

把群众的"小事"当成自己的"大事"

李伟达的师傅，至今还记得他刚入行时的模样：挺帅气的小伙子，白净的脸上架着副眼镜，说话轻声细语、文绉绉的。

那时，李伟达大学刚毕业，憧憬着要干一番轰轰烈烈的大事。

到了派出所，他心凉了一截："这里晚上除了一个小饭店，都没有亮灯的地方。"

第一次接警，动静很大，李伟达以为"大事"来了。

那是2011年，辖区居民张大爷到所里报警。原来是张大爷的老伴儿去世后，一个人孤单，年纪大了想再找个人作伴，但儿子不同意，父子俩起了冲突，儿子把家里的电动车等物件儿都砸了。

李伟达当时第一反应是："这样的事自己在家解决不就行了，怎么还来所里报警？"

当李伟达到张大爷家走访时，才发现这对张大爷来说可不是小事。只见大爷落寞地对着窗户坐着，旁边是空了一半的酒桶，一言不发。

"那个画面一直印在我脑海里，老人形单影只，太孤独了。"李伟达多次调解，父子俩的心结解开了。

这件小事对李伟达触动很大，"很多时候在我们看来很小的一件事，可能就关系到一个人的前途命运。"

悟透这个理儿，李伟达把群众的"小事"当成自己的"大事"来办："不管什么事情，只要群众找到我们，就是一份信任，可不能寒了大家的心。"

"田船长"一船的皮皮虾因为买家反悔断了销路，再找不到买家就会损失惨重，李伟达连夜帮他找到买家；老杨开的超市，半夜有喝醉酒的人来闹事，一个电话李伟达马上赶到现场处理；"杨三婶"家的船临出海了，一个船工突然家里有事，四处招不到船工眼看要耽误出海，李伟达多方联络帮忙找到船工来补"萝卜坑"；80多岁的李大爷腿脚不方便一直没有二代身份证，李伟达上门为全村的老人采集信息……

不管谁找到他，李伟达都不厌其烦地帮助解决，大家伙儿都感觉心里热乎乎的，管他叫"李小事儿"！

走进李伟达的警务室，左面墙上的几面锦旗引人注目，其中一面锦旗上写着"小事不出有小李，大事不出有道理"。送锦旗的张帆是一家企业的经理，负责码头的日常管理。"把群众的每一件小事都解决好，就不会出什么大事。"张帆说，这些年李伟达把治安管理得井井有条，大家安居乐业，和气生财。

虽说是"李小事儿"，但李伟达却在一件又一件"小事儿"中办成了不少"大事儿"。

劳资纠纷在中心渔港多发，经常发生东家与船工之间因劳资问题闹得不可开交的情况。

"李警官，船长欠我好几万元的工钱不给，我这死的心都有了。他要是再不给我钱，我就把他的船废了，看谁损失大！"辖区渔船上的小工与船长因为工资问题急了眼。

这起警情经过李伟达调解得到了顺利解决。但在处置中，他敏锐地发现，船长与船员之间雇工关系多为口头约定，不签订雇佣协议，为劳资纠纷埋下了隐患。

于是，李伟达和同事们一面向船长和务工人员宣传讲解相关法律法规，一方面组织近5000名务工人员与船长签订了正规劳动合同，劳资纠纷得到了有效规避。

作为河北省内数一数二的大渔港码头，每到春秋两季，李伟达所在的派出所管辖的中心渔港就有数以万计的外来务工人员迅速涌入，随之而来的是打架、盗窃等警情频发，给渔港治安防控工作带来了严峻考验。

为此，李伟达创新工作方法，推动组建了警务室民警与中心渔港码头人员的联合巡防队，每天24小时不间断在码头内巡逻，并在码头入口处安装了防护铁门，重点部位安装了8个监控摄像头，各种防范措施对社会闲散人员和违法犯罪分子形成了有效震慑。

几年来，李伟达为渔民们办理各类渔船（民）证件5000余张。如今虽然渔船（民）证取消了，但他仍坚持督促船长们来警务室做好登记报备。在办理证件中，李伟达还成功抓获了一名在逃人员。

在李伟达和同事们的努力下，中心渔港码头已连续多年被评为"全国十大文明渔港"。

（作者为马利，《河北日报》2021年12月20日03版）

钟晓勇——

让寒区矿山变青山

钟晓勇，在煤炭行业里，是人人称赞的青年人才、劳动模范；在呼伦贝尔东明矿业有限责任公司，他更是人人敬重的总工程师、技术研发带头人。

2012年，钟晓勇毕业于中国科学院研究生院，十年如一日扎根在北疆矿山一线技术岗位，在寒区矿山生态保护、矿山安全、煤矿绿色生产等方面的研究和实践成果，极大地推动了地区和煤炭行业绿色高质量发展。

众所周知，呼伦贝尔属气候最为严苛的极寒地区，煤矿土地复垦与生态修复极其困难。全面建设绿色矿山的任务艰巨又紧迫，钟晓勇迎难受命，牵头带领技术人员，通过反复调研和试点试验，连续攻克寒区露天矿山生态修复多个难点，经过寒区乡土植被遴选、寒区植被引种驯化、土壤改良等措施，出色完成了矿山生态修复工作。

当夏季走进东明露天矿，自观景台至山顶，可见漫山树木，3座人工蓄水池碧波荡漾，花卉和生态蔬菜种植区更是让人仿若置身田园。截至目前，东明露天矿到界排土场实现复垦率100%，灌草生态修复区，寒区经济林、宿根花卉和花灌木的植被景观区，蓄水、灌溉、垂钓功能为一体的人工湿地景观区，苜蓿为主的豆科植物土壤改良和土壤重构试验区，这四大功能区构成寒区矿山植被群落组合，实现了与周边环境和谐共生的生态系统。

"下一步，矿山要谋求绿色多元发展路径，将生态修复区改造成辐射周边城乡居民休闲和采摘娱乐目的地。"钟晓勇介绍。

开一处矿山，育一片绿色，守一方生态，生态修复让荒地矿山变成青山。东明露天矿2020年入选国家级绿色矿山名录，2021年荣获全国绿色高质量二十佳矿山。露天煤矿绿色建设理念和经验成果在中央电视台13套新闻直播间"美丽中国新画卷"系列节目播出，新华社、人民网、央广新闻等媒体进行云平台直播。钟晓勇个人获评行业颁发的绿色矿山突出贡献奖和青年科技奖，其研究成果《大型煤电基地生态稳定性提升技术研究》于2021年获得绿色矿山技术进步奖一等奖，对北方草原地区露天矿山生态修复有重要的推广价值。

为解决蒙东地区褐煤矿山富水软岩松散边坡监测与控制、深部煤资源的开采等棘手的难题，钟晓勇协同宝日希勒露天矿、伊敏露天矿、扎尼河露天矿等公司的技术人员，借鉴改进综合治理经验，总结出行之有效的松散岩层大水矿山地下水防治的工作方法，相关成果获绿色矿山科技进步奖重大工程类一等奖，取得国家专利10项。他研究建立的富水软岩露天煤矿边坡自动化监测预警系统获得国家专利5项。几项成果均达到行业内领先水平，参与制定多项国家行业标准。

"晓勇是我们的'技术大神'，不光人勤奋，干事踏实，他好钻研、勇于创新，还愿意与人分享。"钟晓勇的徒弟赵荣华现在是绿色矿山室主任，他和几位同事都在钟晓勇主导的产学研合作基地学习，收获颇丰。

几年来，钟晓勇先后主导组建三个产学研合作基地，与中国矿业大学（北京）、国家农业智能装备中心、国家煤矿水害工程技术中心、中国科学院盐湖研究所、煤炭科学研究总院、北方工业大学、清华同衡规划研究院等科研院所合作开展矿山安全、节能环保、生态修复等多个领域多项技术攻关项目，为矿山绿色开采和资源清洁转化提供基础条件。

钟晓勇先后获得"全国煤炭工业劳动模范"、自治区"草原英才工程青年创新创业人才一层次""全国煤炭五四青年奖章""云天化集团十佳青年""绿色矿山青年科技奖"等多项荣誉称号。他被遴选为自治区绿色矿山专家组成员、中国煤炭学会青年工作委员会委员、自治区标准化委员会委员、呼伦贝尔市应急管理专家组成员，并获聘北方工业大学硕士研究生导师。

（作者为李新军，《内蒙古日报》2023年04月24日02版）

张 淼 ——

轮椅上圆梦世界冠军

"只要努力拼搏，每个人都能实现梦想。"近日，北京冬残奥会火炬手张淼来到萧县赵庄镇中心小学，讲述了她身残志坚、苦练球技、为国争光的感人事迹，激励孩子们刻苦学习，长大后报效祖国。演讲结束后，坐在轮椅上的张淼和孩子们一起切磋乒乓球技艺。

今年31岁的张淼出生于萧县赵庄镇张朴楼村，自小因病双腿致残。在政府的关心和教练的悉心指导下，她从14岁开始，坚持在轮椅上苦练乒乓球技艺，此后多次在国际比赛中获得冠军，在各大赛事中共获得82枚奖牌。今年3月，张淼成为北京冬残奥运会火炬手，光荣完成了火炬传递任务。

"折翼"女孩　立志高远

"虽然我的腿无法正常走路，但我的心从来都向往着远方。"张淼生就一副不认命、不服输的倔强性格。

1岁多时，高烧不退的她被查出患有小儿麻痹症。病情导致她双腿残疾，无法行走。直到5岁，她才意识到自己和别的小朋友不一样。"同龄人能跑能跳，会踢毽子、跳皮筋，我却连走路都不会。"一种失落感笼罩在张淼的心头，但她不愿向命运低头。

家人忙着活计，没人能送她读书。她却执意拄着拐杖，拖着残腿一瘸一拐上学。她家离学校远，乡间土路又坑洼不平。别人走半小时的路程，她至少要走1个小时。因此，她每天比别人早出晚归，雨雪天滑倒在途中也是家常便饭。她读小学三年级的一个冬天，雨雪交加，一不小心，滑到路边的水沟里，眼看就要沉入水中，幸亏大孙庄一位中学老师路过看见，把她打捞上来，她才捡了条命。

在学校，身体健全的同学能做的事，她也一定要去做，并且一定要成功。看别人练习单杠、双杠，她也咬着牙有样学样；学自行车，上下不方便，她就将车子靠在麦垛或大树旁练习，就这样用了1年多时间，终于学会了单腿骑自行车，至今张淼的右腿还有当年练车时留下的许多疤痕。

2005年一个大雨天，来自萧县的乒乓球教练王箭开车路过，看到张淼家门前的路况比较好，就停车休息。这名教残疾人打乒乓球的教练看到张淼，夸她"身高臂长、有悟性，是个打球的好苗子"，建议张淼父亲考虑让女儿学打球。

看着女儿渴盼的眼神，父亲决定送她进城学打球。

在训练场上，14岁的张淼第一次尝试着坐轮椅进行乒乓球训练，手脚都不知往哪放。在教练的引导下，她学会了坐在轮椅上发球、接球，逐渐找到了自信，并深深爱上了这项运动。

身体素质好加上科学训练，张淼很快脱颖而出。2006年4月，在萧县训练了7个月的张淼入选北京市乒乓球队，2007年8月，进入国家队集训。张淼在心里立下誓言："刘美丽、任桂香都是从萧县走出去的残奥会冠军，我要像她们一样练出成绩，为国争光。"

赛场拼搏　为国争光

进入了国家队，训练条件好了，参加各项大赛的机会也多了。张淼深知这样的机会来之不易，"只有更加刻苦地训练，才能为国争光，才能不辜负家乡人的期望。"

残疾人从事竞技体育，更考验意志品质。每天早上8点开始，极为枯燥乏味的基本动作要做几百下，然后是练习发球和接球。乒乓球运动员练习接球是按盆计算的。普通的洗脸盆，满满一盆球。教练这边发球，队员那边接球，正手几千下、反手几千下，普通队员一天下来打五六盆球，张淼却要打10多盆球。看到发球人累得精疲力竭，她才停下歇会。即便休息时，她也在"复盘"各种动作要领。

她求知若渴，一见到老队员就向他们请教如何打落点、如何掌握在旋转中多变等高难度技巧，她因此也成为进步最快的队员。为增强体能、爆发力、灵活性和协调性，张淼常缠着男队员给她当陪练。高强度的训练让她的胳膊都抬不起来。由于长年使用一只胳膊打球，张淼的肘部、肩部都带伤，常常半夜里痛醒。"一到球桌前，伤痛就全忘了。"张淼笑着说。

因为表现出色，张淼经常代表国家队参加国内外大型赛事。21岁那年，她首次参加残奥会，以发球快、准、狠的优势，成功斩获了金牌。在网上热传的一段视频中，五官清秀的张淼身穿粉色战袍，每赢一球都振臂高呼"飒"，形成一种压倒性气势，令观众为之动容。

张淼先后夺得2010年亚洲残疾人运动会乒乓球女团金牌，2011年亚洲和太平洋地区乒乓球锦标赛女团金牌、TT4女单金牌，2012年伦敦残奥会乒乓球女团4-5级金牌、轮椅乒乓球金牌，2013年亚洲残疾人乒乓球锦标赛女团、女单TT4金牌，2014年世界残疾人乒乓球锦标赛女团、女单TT4金牌，2014年亚洲残疾人运动会乒乓球女团金牌和2017年国际乒联残疾人乒乓球亚洲锦标赛女子TT4级单打冠军。在2016年和2021年两届残奥会上，张淼分别获得乒乓球女子单打CL4级银牌和女子轮椅乒乓球TT4-TT5团体金牌。

备战2013年亚洲残疾人乒乓球锦标赛期间，张淼的父亲病危。"我多少次想回家看爸爸，可我不能，因为爸爸更希望我能打好球。我必须努力打好球来回报他！"比赛结束，22岁的张淼同时斩获团体和单人金牌，但也收到了父亲去世的噩耗。

2015年，她正式成为北京体育大学体育管理专业的一名学生。走进校园那一刻，她在心中默念："爸爸，您的女儿是大学生了，您的女儿是最棒的！"

传递爱心　　回报社会

"是那么多好心人的爱，支持我走到了今天。我希望把这份爱传递给更多的人。"张淼由衷地说。

今年3月2日上午9时，北京冬残奥会火种采集仪式在北京市大运河漕运码头举行。作为第5棒火炬手的张淼坐在轮椅上手举火炬，光荣完成了火炬传递任务。此后，张淼担任了冬残奥会志愿者，除协助做好后勤保障工作以外，每天到比赛场馆向国际友人、运动员和观众宣传奥运精神、普及冬残奥会知识。她还到比赛现场当拉拉队员，为参赛队员们鼓劲喝彩。那些日子里，由于不停地奔波、呐喊，她的腿肿了，嗓子哑了，但她乐在其中。为此，她受到了国际乒联的表扬。

为传递爱心，张淼经常应邀去学校等单位演讲，讲述自己不向命运低头、拼搏圆梦的经历，激励更多青少年自强不息、立志成才。2017年，她和4名宣讲人先后到北京人大附属学校等多所中小学作演讲。报告会结束后，同学们都围着张淼签名留念。2018年5月31日，她和队友到北京天使儿童医院看望残障儿童，鼓励孩子们战胜困难、勇敢追梦。

"家乡有我童年美好的回忆，有我割舍不下的母校情。我希望为家乡做一些力所能及的事。"2021年冬季，张淼拿出3万多元购买1000个书包，先后到萧县特殊教育学校、萧县残联康复中心和赵庄镇张朴楼小学，为孩子们献爱心，鼓励孩子们心怀感恩，努力学习，报效祖国。

今年7月22日，萧县聘请她为德育报告团成员。她决心将自己的成长经历，分享和传递给更多的青少年和残障人士。"过去是别人帮助我，如今我可以帮助别人，真的很开心。如果别人能从我的成长故事中汲取到精神力量，这是比拿金牌更大的意义所在。"张淼说。

近年来，张淼先后获得全国五一劳动奖章、全国五四青年奖章以及全国三八红旗手、国际残疾人运动员健将等称号。目前，她在总结历次比赛经验教训，备战明年在杭州举行的亚洲残疾人运动会。

"我要不断努力，为祖国争得更多荣誉！报答祖国大家庭对我的关爱。"张淼动情地说。

（作者为何雪峰、李鹏、董晴，《安徽日报》2022年08月31日）

徐晓峰——

公益路上　永葆军人本色

一颗善心　一支队伍

阳光帅气的脸庞、高大健壮的身材、说话做事干净利落，这是近日记者采访徐晓峰时，他给记者留下的第一印象。

今年38岁的退役军人徐晓峰是郎溪县飞鲤镇振兴村人，现在是该县蓝天救援队队长。

"队员们都有自己的事业，参与各项救援任务，都是凭着一颗公益之心。"徐晓峰的思绪一下回到2016年夏天。

郎溪县位于皖南地区，河网密布，雨水充沛。每年夏天，当地就会进入紧张的防汛抗洪期。2016年的夏天也不例外。

"当时，连续暴雨使得郎溪县大片村庄、农田被洪水淹没，县城也陷入严重的内涝，老百姓们的生命和财产安全随时可能遭到洪水侵害。"徐晓峰回忆说。他和几名退役军人与相关部门紧密配合，连战几天，帮助郎溪县建平镇朱侯村乡民渡过了难关。

在救援中，徐晓峰发现当地公益性的救援组织很少，于是便打算组建一支公益性救援队伍。2016年，经当地相关部门批准，"郎溪县蓝天救援队"正式成立。12名热心公益、具备一定救援技能的退役军人组成救援队伍。为了解决经费、装备等问题，徐晓峰和队员们自掏腰包，共集资了3万多元。他们用这笔钱，购买了队服、皮划艇、救生绳等救援物品。

徐晓峰和队员们一直坚持苦练野外搜救、水上救生等本领。"只有学好救援技能，才能给受困者带来更多生存的希望。"徐晓峰说。

一腔热血　一马当先

"我们从穿上蓝天救援队队服那一刻起，就萌生了一种责任感。"徐晓峰坦言，作为队长，自己首先要冲锋在前。

2019年8月，强度空前的台风"利奇马"使宁国市受灾严重。徐晓峰带领4名队员组成第一梯队，第一时间赶到宁国市万家乡展开救援。由于台风破坏力度大，造成山里道路全部被毁。很多群众被困，时刻面临灾害的危险。

徐晓峰带领队员徒步前行。他们背着沉重的救援装备，经过6小时的艰难跋涉，终于到达受灾最为严重的小坪村。他们将包括几名重伤员在内的所有被困群众集结到一起，通过摇旗、放烟，给救援直升机导航，成功将所有群众转移到山下安置点，而救援队员们在断水断电的极端条件下，硬是在山中露宿一晚，第二天才徒步回到基地。

救援多是紧急任务。有时候，徐晓峰来不及跟家人解释，便带上装备出发。2020年8月1日下午，正在超市里忙碌的徐晓峰接到了警方消息，有人溺水了！他一边通知其他10多名队员，一边匆匆忙忙地出了门。救援一直持续到当天晚上11点半左右才结束。第二天一大早，他惊讶地发现超市的大门敞开了一夜，超市里不仅东西没有少，柜台上还多了2张顾客留下的字条。原来在他离开的这段时间里，有顾客进店购物，在没有店主的情况下，他们自觉付了钱，并留下了字条。

徐晓峰不由得感慨：世上还是好人多啊！随后，便将此事发了朋友圈。经媒体报道后，这个"有爱心的人被温暖到"的故事获得众多网友点赞。

徐晓峰告诉记者，这事让他觉得特别暖心，也更加坚定了他在志愿服务的路上走下去的信心。

几年来，徐晓峰和救援队在防汛抢险、山地救援、重大赛事保障、疫情防控、防灾宣教等方面开展了大量的志愿服务活动，获得了广泛的赞誉，成为郎溪抢险救灾和应急管理体系中的一支重要补充力量。

宝剑锋从磨砺出。2002年，徐晓峰成为第二炮兵工程兵的战士。遇山开隧道，遇水搭桥，工程兵驻扎的多是自然条件恶劣的地方，生活非常艰苦，但经过历练的徐晓峰表现得十分出色。2003年他获部队嘉奖一次，2004年成为班长，带领并训练新兵。

此后徐晓峰跟着部队辗转浙江丽水、陕西汉中、青海西宁和格尔木等地，于2004年12月光荣退役。"虽然现在脱掉了军装，但军魂永在。回到地方，我要尽一份力去帮助别人。"徐晓峰说。

据不完全统计，2019年至2021年，郎溪县蓝天救援队共开展志愿服务总时长约14000小时，开展各类志愿活动283次，出队2713人次。其中，无论出勤次数还是志愿服务时长，徐晓峰一直都排全队第一位。

平凡生活　不凡奉献

如今，郎溪县蓝天救援队已有正式队员34名，志愿者200多人。平时有任务时，徐晓峰和队员、志愿者积极参与；没任务时，各自忙着自己的工作。

2004年从部队退役后，徐晓峰一直在上海工作，先后担任海信、康佳等多家电器集团公司的销售经理、培训经理、渠道经理等职务。

"考虑到父母年龄大了，父亲又遭遇过车祸，觉得是时候回家乡了。"2012年，徐晓峰回到郎溪，创办了一家汽贸公司。几年下来，汽贸公司发展得挺好，徐晓峰的收入也颇丰。

2016年成立郎溪县蓝天救援队后，徐晓峰在公益救援和自身工作之间来回奔波。特别是参加紧急救援，他常常要离开公司好几天，这也导致了公司经常间断性关门歇业。最终，为了给救援公益事业"让路"，徐晓峰忍痛转让了公司。

郎溪蓝天救援队是民办非企业组织，队员们做的是公益性事业，救援队需要有资金、物资保障才能运营。"电商适合当前经济发展趋势，也比较自由，保证我能够有稳定的收入和可支配的时间参与救援。"徐晓峰经过反复思考，最后决定做电商和开超市。

"平时会收购一些本土农户的产品，帮助他们销售出去，也能增加他们的收入。"徐晓峰说。

这几年，徐晓峰带领队伍在传统救援的基础上拓展了很多个性化的公益服务内容，比如慰问烈士遗属和老兵、关心孤寡老人、开展重大赛事保障、寻找患阿尔兹海默症的失踪老人、无偿献血、将血样资料加入中华骨髓库、开展兄弟县市联合救援等。

2020年1月，突发的新冠肺炎疫情使得当地口罩、防护服、消毒液等医疗物资紧缺。1月30日，徐晓峰联系到一家可以免费提供消毒水的厂家，但路途遥远，且沿途道路存在交通管制，厂家无法送达，只能上门自提。

徐晓峰立刻带领2名队员驱车前往，行驶200多公里，载回31桶共计1550斤消毒水。1月31日，徐晓峰又带领队员驱车赶到南京，购买了110件消毒液。上述物资都被送到当地卫健委、民政局和基层村卫生所。

接着，徐晓峰又组织10余名队员，带着自费购买的喷洒设备，配合政府部门对县城范围内所有公共场所逐一进行消毒。疫情防控期间，在徐晓峰的带领下，郎溪蓝天救援队共完成160处公共场所消杀任务。

皖南水域众多，每到夏天，溺水事件就会见诸媒体。每当看到这样的报道，徐晓峰就痛心疾首：防灾救灾必须关口前移，知识宣教刻不容缓。2021年夏天，徐晓峰带领队伍走进该县33所学校，为8459名青少年开展防溺水知识宣讲36课时。"为了孩子们掌握更多的防溺水及安全知识，不再让悲剧发生，我会和众多的爱心人士一起，把防灾宣教一直做下去。"徐晓峰说。

多年投身公益，徐晓峰的家人难免有些怨言。徐晓峰的妻子不时会抱怨几句如"都不顾家了""生意也不管了"之类的话语。但更多时候，妻子会提醒他注意安全，早早回家。

徐晓峰先后获得宣城市"五四"青年奖章以及"宣城好人"等荣誉称号，今年11月被评为安徽省劳动模范。郎溪蓝天救援队先后获得"宣城市志愿服务先进集体""宣城市五四红旗团（总）支部""宣城市青年志愿服务表现突出先进团体"等荣誉称号。

"今后，我们要更加努力地投入到公益事业中，为家乡发展继续贡献力量。"徐晓峰满怀信心地说。

（作者为李明杰，《安徽日报》2022年12月21日）

林恩辉——

葡萄架下的致富之路

金秋时节，福安市晓阳镇处处好"丰"景，返乡创业青年、"新农人"林恩辉很是忙碌。

2010年，正值福安市申报世界地质公园。刚刚走出大学校园的林恩辉就来到晓阳镇白云山景区旁种植水果，一干就是十几年。如今，依托"合作社＋公司＋基地＋农户＋电商"发展模式，林恩辉已经创立生态农业公司、种植专业合作社，并出任福安市大学生创业协会会长，获得福建省五四青年奖章，获评福建省优秀共产党员、宁德市劳动模范，带领创业者和乡亲们一起闯出一条致富之路。

果园创业初体验

林恩辉从小就怀揣"田园梦"，从集美大学毕业没几年，她就选择返乡创业，成为一名"新农人"。

然而，创业之路绝非坦途。"在农村创业远比想象中的困难，创业第一年就被现实'打脸'。"林恩辉感叹。

刚开始，她与农户反复商谈，也租不到一亩地。在村里的支持下，她才签下最早的30年土地流转权。

成功租地后，毫无种植经验的林恩辉一次性种植83种水果。然而，由于一名管理人员操作不当，误把开荒山的除草剂当成农药打到桃树上，她的创业之梦功亏一篑。

2012年，福安市推广钢架大棚。林恩辉在与村民聊天时了解到，晓阳镇的晚熟葡萄味美汁甜，成熟期又能与市面上大多数葡萄错开，便决定放手一搏，拉上村里的葡萄种植户一同创业。农户出地，林恩辉提供大棚和技术。

最终，她与当地12户村民达成合作，试种了50亩大棚晚熟葡萄。这个做法也得到当地党委、政府以及相关部门的扶助，还请来果业专家现场指导种植。在多方合力下，林恩辉的果农之梦终于看到了成功的希望。

果农加入合作社

品种改良了、技术提升了、大棚用上了，2012年秋天，林恩辉的果园终于盼来大丰收。

通过线上销售，晓阳晚熟葡萄收购价格由原来的8元/公斤提高至14元/公斤。看到发展前景后，前来谈合作的农户越来越多。2013年，林恩辉成立恒跃农机专业合作社，创造性地推行"四种模式"，让当地农民根据自身条件自愿加入。

这"四种模式"主要是：我建我管，即打造样板田；我建他管，签订5年协议，可省去农户租地、用工等困难，并提供前期投资，利润对半分成；他建他管，对农户来说成本较低，收购时可以提供农资；他建我管，即派技术人员进行管理指导帮扶，只抽成10%的少量利润。

仅半年时间，合作社就发展到84户，种植面积扩大到600多亩，亩产值从6000元提高到1.5万元，葡萄鲜果收购价格也提升近一倍。通过园区引导效应，原本在西安经商的10多户农民返乡开垦荒山800多亩，加入种植高山晚熟葡萄的行列。

紧接着，林恩辉还创建起农博园，打造循环、低碳、立体的现代化种养基地，引进国内外优质果种11大类80余种，现在已有20多种试种成功，为当地农民拓宽了增收渠道。

串串葡萄就是"致富果"。去年，合作社被评为全国示范社，让林恩辉更深刻地感受到了自己这条逐梦路的重要意义。"只要农民肯干，都可以加入合作社，我们一起靠勤劳的双手奔小康。"林恩辉表示。

一站式创业服务

为解决葡萄销售难题，林恩辉又瞄准电商，成立晓阳云创空间。

园区通过"电商+直播+农户"模式，开设抖音号、网店、微店，将晓阳镇优质农产品、晓阳镇恩辉农博园的现代农业科技示范基地与互联网结合起来。同时，依托农博园整合晓阳镇新时代文明实践中心、晓阳镇京东网点、晓阳镇农村淘宝以及晓阳镇乡村振兴项目组，打造集有机种植、乡村旅游、民宿体验等产业于一体的一站式创业服务平台。

2021年，林恩辉担任福安市大学生创业协会会长，完善"创业苗圃—创业孵化器—加速器"三级孵化体系，积极面向大学生创业者开展创业专题服务、政策宣传、创业指导、创业孵化等服务。

综合立体的产业平台，吸引不少创业者、返乡青年加入。目前已引进20家创业团队及企业，落地项目5个。在她的带动下，当地不少产业带头人合力逐梦"电商3.0"：种植大户谢万柳被福安市人民政府评为

"乡土人才";江如树成立田知之水果公司、田鼠物流配送;陈云杰注册小云葡萄商标,发展绿色有机葡萄……

如今,晓阳镇葡萄种植总面积达8100多亩,年产量达1万多吨,产值超过1.2亿元,去年电商网络零售额3300多万元。今年国庆节前,晓阳镇举办葡萄采摘节,林恩辉合作社种植的高山富锌富硒葡萄获大奖。

(作者为单志强、雷津慧、李郁,《福建日报》2023年10月27日04版)

廖竹生——

逐梦乡村的"励志哥"

　　五四青年节前夕，第27届"中国青年五四奖章"评选揭晓，来自宁都小山村的廖竹生榜上有名，也是我省唯一一名上榜者。此前，他还荣获全国脱贫攻坚先进个人、全国自强模范、"中国好人"、全国脱贫攻坚奖奋进奖等称号。这位"95后"残疾青年，集多个"国字号"荣誉于一身，他的背后，有怎样的故事？

　　1997年9月，廖竹生出生于宁都县对坊乡大山深处一个农民家庭。因先天残疾，他的双手手腕畸形、无法伸直。看到家庭的贫困和父母的艰辛，廖竹生暗下决心，不能成为父母的包袱，一定要自食其力，并承担起自己作为家中老大的责任。

　　初中毕业后，他选择到宁都县技校学习计算机应用，但由于双手不灵活，对于别人很简单的操作，他不得不放弃休息时间反复练、加倍学。

　　走出技校，廖竹生又遇到就业难题，一次次求职遭到拒绝，但他并没气馁。他参加了宁都县第一期免费电商培训班，开始接触到电商。"这不正是适合自己干的事吗？"梦想在他心中燃起。在老师的帮助下，他的淘宝小店开起来了。从此，廖竹生迈进电商大门，生命之光重新焕发。

　　他一边认真学习，一边思考互联网带来的商机。在学校老师的指导及县电商孵化园的帮助下，他和6名残疾同学组建了"励志园"团队，在网上卖千层底布鞋，这也是宁都县首个残疾人创业团队。当第一笔订单成交时，他高兴得哭了。淘宝店开了一年多，每月能有3000多元收入。"没有政府的帮扶，想都不敢想能开起网店。"心怀感激的他希望能为家乡做点什么。于是，他们开始在网上卖家乡特产脐橙和其他农产品。

2015年11月，打赢脱贫攻坚战的号角正式吹响。如何带领更多建档立卡贫困残疾人创业致富？廖竹生一直在思考。

"一个人可以走得很快，一群人却可以走得很远。"借助宁都县系列扶贫政策，创业团队享受了免费办公场所和宿舍，并获得30万元贴息贷款销售脐橙。然而，由于没有把控好脐橙品质，导致滞销。面对失败，"励志园"团队认真反思，通过改变销售模式，实现了每月纯利润2万多元，"励志园"成了残疾人电商创业的星星之火。团队中的残疾人98%都是建档立卡贫困残疾人，他们一天天收获网络扶贫喜悦，一年年不断发展壮大。

廖竹生的励志故事逐渐被人关注。很多人上门请教致富经，但这些人一无本钱、二没经验，怎样带领他们共同致富呢？"励志园"团队决定采取"电商团队＋种养基地＋农户"模式，与多个种养基地签订采购协议，利用各自优势，形成产业联盟，既保证货源质量，又能带领大家共同致富。一群原本靠政府救济的残疾人抱团发展，实现了脱贫致富，并先后帮助100多名贫困群众就业。廖竹生，也成为大家心目中的"励志哥"。

廖竹生与"励志园"的励志故事，入选中央"砥砺奋进的五年"大型成就展，被中央网信办称为"全国8500万残疾人创业典型"。廖竹生被授予2018年度全省脱贫攻坚奖奋进奖；2019年获评全国自强模范，当年还被授予全国脱贫攻坚奖奋进奖、"中国好人"；2021年获评全国脱贫攻坚先进个人。

奋进路上，追梦不止。2021年开始，廖竹生从传统电商向自媒体电商转型，开始直播卖货，并带动了一大批人直播卖货。他们以当地的生鲜食品、农产品为主要销售方向，宣传家乡，为家乡代言。今年春节后，他们又与美团优选、多多买菜平台实现了合作。"希望自己能够坚守初心，带动更多人特别是残疾人走上致富路，把家乡的产品推介出去，为家乡作贡献。"廖竹生说。

（作者为胡萍，《江西日报》2023年05月05日01版）

余小龙——

追梦不忘乡亲们

在龙山县印家界生态农业开发有限公司总经理、第27届中国青年五四奖章个人获得者余小龙的朋友圈里，百合是主角。他记录、分享不同种类百合的成长瞬间，就像"晒娃"。

有时候，余小龙也会和百合一起"出镜"。出生于1989年的他，头顶扎着小辫子、脸上蓄着长胡子，只有在基地卖力干活的时候，才让人真切地感受到他是农民。

从卖地下百合种球到卖百合花，再到建立"种子银行"……余小龙的每一步，走得不容易，但踏实。

4月底，记者来到龙山县，实地探访这位新生代农民，寻找他存储在百合"种子银行"里的梦想。

百合开花，绽放新希望

龙山是全国规模最大的卷丹百合产区，素有"百合之乡"的称号。余小龙出生在这里，因患有先天性血管瘤，他的右手落下残疾。

2008年，19岁的余小龙离开家乡，到昆明一家百合种球进出口公司工作。工作中，他留意到，一位来自欧洲荷兰的客商，每年都从他所在的公司进口龙山百合种球。

"龙山百合这么'吃香',还不如回乡创业。"余小龙说,2009年,自己揣着打工赚到的5000元钱,回到龙山试种百合。

开垦、购种、栽植、施肥……余小龙每个环节都亲力亲为。随着种植规模不断扩大,2012年,他收获了第一桶金,赚了100多万元。

2014年,市场供大于求,百合种球价格大跌,余小龙的投资全部打了水漂,还欠下外债。

余小龙不服输,振作起来,想起外国客商用龙山百合培育新品种的事,有了新思路——把卷丹百合与观赏百合进行杂交。

在专家指导下开展了上百次试验,培育出的新品种要么不开花,要么花期太短……正一筹莫展的时候,余小龙在龙山发现一株适应力强、繁殖力旺盛的野生百合。他灵机一动,让野生百合也参与杂交。

这一试,终于成功了!新品种既能卖种球、又能卖花,相比原来只卖种球多出三分之一的收入。

余小龙顺势扩大种植规模,开起了花店,建起了百合花观赏园。农家乐、度假山村的订单也纷至沓来。

借助龙山县的高速公路和周边的张家界机场、恩施机场等交通条件,百合花销售火爆,"卖百合花的收益,占公司总收益的30%左右。"

收集种子,奔向"共富梦"

培育新品种的经历,让余小龙敏锐地意识到百合种子的重要性,"掌握了种子这个'芯片',就有了发展主动权。"

余小龙定下目标:建一个百合"种子银行"。从此,无论是出差还是旅游，他的行程里都有了固定项目——寻找野生百合。

穿上迷彩服、解放鞋，带着工兵铲、测量仪，余小龙经常一头扎进深山老林，忘记了时间。

一次，余小龙和科研人员在野外调研，在河对岸看到一株从未见过的原生品种百合。他眼前一亮，不顾流水湍急和右手不便，跳下了河，游了过去，第一时间采集百合的数据。

调研采集、杂交培育、从国内外引进……随着余小龙掌握的百合种类越来越多，种质资源圃一点一点地建立起来。

"种质资源圃里培养和收集了595种百合，每一种都有原生地经纬度、温湿度等详细数据。"余小龙向记者展示办公桌上一沓厚厚的资料，"紫帝、茉莉亚、泽塔、异国阳光……我们团队给不同百合的种球和花卉都拍了照片，方便对比研究。"

"种子银行"越做越大，余小龙却并不满足。他邀请百合领域专家学者来龙山"打擂"，由自己免费提供场地、种子和人员，对方提供技术，进行数据共享，观察研究不同百合的最佳培育方法。还和相关高校、科研院所等一起成立百合研究院，为产业发展注入技术力量。

如今，余小龙建立的百合种质资源圃发展成全省最大规模，并顺利通过欧盟GACP认证。

"'种子银行'让发展乡村特色产业有了更多可能性。"余小龙介绍，依托百合种质资源圃，公司不仅生产销售多种百合种球、百合花以及相关加工产品，还发展起百合花观光旅游，在长沙、岳阳、株洲、益阳、郴州、湘西等地合作共建基地，实现了从卖产品到"种"风景、创品牌的跨越。

风风火火追梦的过程中，余小龙从未忘记乡亲们。公司为400多人提供就业岗位，其中残疾人171名；与农户建立紧密利益联结，去年带动近600人增收，人均增加收入4000多元。

"吉首市矮寨镇的百合花博览园'五一'试营开放。"在余小龙朋友圈新发布的视频里，百合花苞跃跃欲试，迎接即将到来的花期。他告诉记者，希望带领乡亲们一起奔向共同富裕，让大家的生活像绽放的百合花一样美好。

（作者为刘笑雪，《湖南日报》2023年05月04日02版）

扎西嘉措——

"电网达人"与他的"千里眼"

5月31日一大早，扎西嘉措就和同事抬着近30斤重的无人机设备，来到绵阳安州区桑枣镇上清村，对220千伏磨桑线开展巡检。

在汛期来临前的这段时间，是扎西嘉措最忙碌的时候。作为国网绵阳供电公司输电运检中心智能运检班班长，他要带领团队用无人机对辖区内的线路进行新一轮巡检，还要对铁塔地阻进行检测，防止雷电天气对线路运行造成影响。

开创先河的"飞巡青年"

扎西嘉措是甘孜州康定市人，2015年大学毕业后，成为国网绵阳供电公司输电运维一班的一员，跟着师傅罗文富一头扎进了大山。

绵阳境内多高山密林，伫立在大山之巅的铁塔，从一基走到另一基往往需要大半天。师徒二人手拿弯刀清障开路，饿了就用干饼子充饥，每天负重二三十斤在山林间穿梭。

"看得到、喊得响，但走半天都到不了。"望着大山里的铁塔，扎西嘉措经常这样想，能直接飞过去该多好。

梦想很快照进现实。2016年，国网绵阳供电公司引进无人机，扎西嘉措和同事成立了全川首个地市公司输电无人机班，两个月里，扎西嘉措先后参加多旋翼无人机驾驶培训和固定翼无人机驾驶培训。

拿到无人机驾驶证后，从前走大半天山路才能到达巡视的点位，靠着无人机十几分钟就能完成巡检。

智能巡检的意义逐渐凸显出来，扎西嘉措也面临新的难题。巡视区域大多是山地，很难找到合适的起降场地。为此，扎西嘉措和队员们画了10余版设计稿，从雨伞和三脚架中汲取灵感，研制出可升降的多功能无人机起降平台，为无人机在野外复杂地形下安全起降提供了条件。

2020年8月，北川遭遇特大暴雨，墩上乡和白坭乡电力中断。在快速抢修线路时，扎西嘉措通过无人机很快拿到第一手现场影像资料，为现场抢险作业人员制定抢修方案创造了条件。随后一个星期里，35千伏墩白线倒塌的3处铁塔很快得到恢复。"如果没有无人机，抢险作业人员就要负重走到铁塔附近，这一走又要花去大半天时间。"

采用无人机巡检，其工作效率是传统人工巡视效率的两倍以上，输电无人机班成立至今，已完成绵阳境内2000多公里高压线路的精细化巡视。

靠创新成为"电网达人"

但扎西嘉措想要的远不止这些。无人机传来的图像视频都是二维的，有没有办法让其"立体"起来？扎西嘉措将无人机和三维激光雷达技术结合，在全省率先探索应用无人机搭载三维激光雷达装置对输电线路进行巡检。这一设备可现场"扫描"建模，能精确测量空间任意距离，测量精度达到厘米级。

再接再厉，通过在铁塔上安装位移监测基站及多个传感器，新的预警系统由此问世——一旦杆塔基础发生位移，可实时监控预警，在发生自然灾害后第一时间获悉电力线路状况。

在扎西嘉措不懈努力下，在线监测技术、无人机全自主巡检技术、可视化三维建模等前沿技术都在电力行业得到运用。针对输电线路异物问题，他创新应用无人机喷火、"激光大炮"除异物装置，在线路带电情况下即可及时精准消除线路悬挂异物，大大减少了停电时间。

截至目前，输电运维无人机团队已及时发现各类缺陷13000余处，辖区输电线路跳闸次数逐年下降，供电可靠率达到100%。如今，扎西嘉措正带着团队建立自主精细化巡检航线库，届时无人机起飞后，就能按设定好的巡航路线自主巡视。

（作者为付江、郭超英、祖明远，《四川日报》2022年06月06日06版）

刘 江——

把科研论文写在"玉米大豆"试验田

赴京参加完表彰大会，刘江又把头埋进了田间地头。正是玉米和大豆播种的时节，刘江和团队成员奔走于省内外，在示范田推广玉米大豆带状复合种植技术。

"几经寒来暑往，倾心服务三农。他立志让中国人把饭碗牢牢端在自己手上，坚持把科研论文写在试验田，攻破玉米大豆带状复合种植关键核心难题。"共青团中央、全国青联给刘江的颁奖词这样写道。

作为团队核心骨干，刘江主研完成的国家级科技成果玉米大豆带状复合种植技术，3次被写入中央一号文件，成为国家大豆和油料产能提升工程首推技术。该研究成果已在全国20多个省份累计推广超过1亿亩，新增大豆产量1200多万吨。

在刘江看来，农学研究是"立地顶天"的工作。农业似乎很"土"，要在田间地头解决问题，研究服务于生产一线，关注三餐四季，关乎物阜民丰。但农业也很"高大上"，阐释产业问题背后的生物学原理，探索生命本源，揭示生命奥秘，感受生命之美。

弃药从农　科研要心怀"国之大者"

今年是刘江研究玉米大豆带状复合种植的第10年。

2013年，在日本攻读药学博士的刘江即将学成归国，从医学学士、农学硕士到药学博士，未来是继续开展药学研究，还是从事农业科研工作？成为摆在他面前的选择题。

毕业前夕，在回国参加的一场学术报告中，刘江对杨文钰教授开展的玉米大豆间套作研究产生了浓厚兴趣。"科学研究要针对国家亟须的重大瓶颈问题，而玉米大豆间套作研究有望成为破解国内大豆危机的重要途径。"刘江说，杨教授长年甘坐"冷板凳"，对农业科研的深切热爱感动了他。

大豆起源于中国，中国曾是主要的大豆出口国。近20年来，中国大豆种植面积和产量逐渐减少，进口依存度不断提高，85%以上依靠进口。围绕大豆的国际贸易摩擦时有发生，大豆供需缺口成为长期困扰国家粮油安全的问题。

我国大豆的发展兴衰史，让刘江想到在日本留学的经历。在日本商超，他发现，来自中国的农产品品质很高，但价格却远不及日本本土生产的产品。中日农产品的差距，深深刺激了刘江，成为后来选择弃药从农的一大理由。

"我最大的心愿就是匍匐在地，擦净祖国身上的耻辱。"在北京领奖期间，刘江在北京门头沟区给从事农业工作的青年做宣讲，在PPT里分享了"中国芯片之母"黄令仪的这句话。

艰难转型　从实验室走向试验田

回国后，从药学转向农学，刘江选择了作物栽培学与耕作学，经历了痛苦的转型期。

一开始，他踌躇满志，决心利用专业所长，围绕玉米大豆带状复合种植方向，将天然药物化学的研究思路方法应用到农学中。借鉴日本实验室的结构，他将学校顶楼的杂物间改建为一个天然产物分离纯化实验室，尝试对大豆开展天然药物化学成分分析。

"刚开始，工作开展步履维艰，与团队研究的主体方向也有距离。"刘江说，后来，他发现自己的研究内容"不接地气"，"农学论文是写在大地上的，农业研究要在田间地头发现科学问题。"

从实验室走向试验田，刘江总算找到了"问题"——四川的大豆通常在10月中下旬收获，这一时节雨水较多，提高大豆的耐荫性以及防治大豆田间霉变问题亟待解决。刘江开始侧重用天然药物化学的方法，对复合种植系统中的大豆开展研究。

其间，刘江读到由孔垂华、胡飞写的《植物化感（相生相克）作用及其应用》，孔垂华从有机化学到农业生态的转变经历，鼓舞了他，"我渴望像孔老师那样，把自己的专业所长充分运用到农业科研中，并在某个学科领域闯出一片天地。"

闫凤鸣主编的《化学生态学》也给了他很大启发，这本书对化学生态学研究方法做了系统整理。"第一次知道有这样一个交叉学科，让我似乎找到了前进方向。"刘江说，在随后的几年，他进一步将自己的专业背景与作物复合种植研究结合，并将研究方向确定为"复合种植作物化学生态学"。

这也成为刘江第一本学术专著《复合种植作物化学生态学》书名的来源。2020年，该书受到国家基金资助出版，成为刘江从事学科交叉研究的阶段性总结成果。

全国推广　让中国人的饭碗端得更牢

长期以来，国内耕地面积有限，玉米、大豆争地矛盾突出，扩大大豆种植面积、增加大豆产能一度陷入瓶颈。几经波折，刘江及其团队最终以"紧凑型玉米搭配耐荫型大豆，小株距带状密植"的方式，提高了大豆产量。

如今，团队研发的玉米大豆带状复合种植技术实现了"玉米不减产，多收一季豆"的目标，即在玉米保持与当地产量相当的情况下，每亩可多收100多公斤大豆，相当于一亩地产出了1.5亩地的粮食。

2022年，该技术在全国16个省份大面积推广1872万余亩，一定程度上缓解了长期困扰我国粮油安全的玉米大豆争地矛盾。今年，全国推广玉米大豆带状复合种植的目标任务是2000万亩。为此，刘江和团队成员采取分片包干的方式，每人负责相应的推广示范区域，在种、管、收等关键阶段到示范区蹲点开展技术指导。

目前的问题是，种植技术已经成熟，但在推广应用的过程中，不少地方受长期的种植习惯影响，不能完全按照技术规范进行。对此，刘江带领团队开发了玉米大豆带状复合种植标准化指导系统，扫码打开这个小程序，可以便捷地计算玉米大豆种植的行数、间距、密度以及播种量和用肥量，指导种植人员科学规范地应用该技术。

刘江计算，按照去年大豆自给率增长的速度，5—10年，国产大豆危机将逐步得到有效缓解。"未来，希望通过大幅提高大豆产能，摆脱进口大豆束缚，让中国人的饭碗端得更牢靠。"

（作者为薛维睿，《四川日报》2023年05月16日10版）

林　超——

"每一只兔子都有一个强国梦"

　　林超，对很多人而言，是一个陌生的名字。但在网络上，他以"逆光飞行"之名创作的系列动漫《那年那兔那些事儿》，却是"大神"般的存在。从2015年至今，这个系列已创作6季，共79集，全网播放量超过16亿次。"此生无悔入华夏，来世还在种花（谐音'中华'）家！""我们的征途是什么？""星辰大海！"作品中的台词，早已成为让网友热血沸腾的名言。

　　尽管林超才把公司从厦门搬到成都半年多，但上个月揭晓的第25届"四川青年五四奖章"依然授予他这份殊荣。授奖词如是评价："他用拟人化的'笑中带泪'的方式创作爱国主义主题《那年那兔那些事儿》系列动漫，用最潮的梗讲述历史，用最炫的画引领时尚，用最燃的情激励青年，传递文化自信，传播正能量。"

　　林超说："我只希望把爱国主义讲得更接地气，以此打动、影响更多的年轻人。"

"那兔"出世的背后

　　成都高新区知识产权金融大厦，林超公司的新家就安在这里。公司大门贴了"神州崛起似龙飞、赤县奔腾如虎跃"的对联，公司随处可见头戴军帽、胸佩五角星的"那兔"周边，这是一个生机勃勃的"那兔"世界。

年轻时的林超可没有这般正能量。"用现在的话来说就是一个'理中客''反思怪'。"他自嘲。

2008年发生的两件事，改变了林超的看法。

那是"5·12"汶川特大地震发生后的全国哀悼日，天安门广场降半旗致哀。仪式结束，广场上的人们却久久不愿散去，"汶川加油""中国加油"的口号从星星点点到山呼海啸。在电视前看直播的林超那一刻被打动了，他在一个个普通中国人的身上看到了面对困难时的不屈不挠和众志成城，"当我们的国家还不完美的时候，是一味发牢骚还是一起推动她变得更好？"

林超为此陷入了更深的思考，他开始大量系统阅读历史文献，"我才发现我们国家走到现在有多么不容易，有多么了不起。"

受家庭影响，林超从小喜欢漫画。在儿时观看《机器猫》《七龙珠》等动漫时，就立志长大后做一名漫画家。为此，他高中便选择了云南艺术学院附属学校，最终如愿以偿考进这所高校美术专业。那些年，热爱漫画的林超也零零星星有过一些漫画创作，他设计过中国的形象，并非传统的龙，而是人畜无害没有攻击性的兔子，"因为我们国家一贯倡导和平发展，和兔子的特点很像；此外，十二生肖中兔年过后就是龙年，我期待中国龙未来的腾飞。"

追梦赤子心是灵魂

年轻的林超显然不愿意正襟危坐地讲故事。他以20世纪初著名的时事漫画《时局图》为灵感，以漫画版为不同区域的国家和地区设计了不同的动物形象，以这些二次元动物为主角，讲述了新中国成立前后我国在军事、外交以及经济领域等发生的系列重大事件。诙谐的画风、活灵活现的动物以及各种潮人潮语，这些最初在网上连载的漫画作品，渐渐吸引了网友关注。

用风趣幽默的手法讲故事，林超有自己的考量。"历史虽然严肃，但作为一名作者，我的任务首先是要让大家有兴趣看得进去。如果总是苦哈哈的风格，大家看着也难受。"

他在组织题材时进行了细致分类，有的可以适当调侃，有的则必须严肃。把宏大的叙事化为动物间的"爱恨情仇"，再加上"让子弹飞一会儿""此处应有掌声"等网络语言，看得网友忍俊不禁。

用轻快的手笔吸引网友只是第一步。

在6季动画中，林超主要负责选题和台词，他要刻画群兽环伺的世界上，一只自强不息、有理想有抱负的兔子。

"那兔"系列第一季第一集只有5分钟，林超画了3个月，"要在几分钟里讲清楚中国从推翻清政府到抗日战争到新中国成立，太难了。"最终，他借鉴了大写意的表现方式对重要史实进行呈现，片末写下了这样一句台词："亲，准备好了吗？用我们自己的双手去创造一个吃得饱穿得暖、不被人看不起的种花家。"

这是"那兔"系列的主基调。年轻的林超如饥似渴地泡图书馆、看时事新闻。他给自己的动画定义为爱国主义题材动画，每一个几分钟的小短片后，都有一段珍贵的图文史实。抗美援朝时志愿军长津湖一战的惨烈，海湾战争中美国信息化战争给中国带来的震撼，都被他在片中呈现出来，让无数网友看到中国从一穷二白到一步步走向繁荣富强，正是因为有一代又一代中国人为了国家和民族无私奉献和勇于牺牲。这是"那兔"系列的成功之处，无数网友反馈，每每看到这些珍贵的史料，无不或热泪盈眶或斗志昂扬。

要打动网友，首先得打动自己。在画抗美援朝这一集的分镜稿时，林超一边哭一边画；稿子改了14遍，他也哭了14次。打动大家的除了故事，台词厥功至伟。"此生无悔入华夏，来世还在种花家""每一只兔子都有一个大国梦""亲们，你们的梦想，交给我来守护吧"……几乎被"那兔"迷"信口"拈来。每部短片后的片尾曲也很燃。"那兔"第一季的片尾曲《追梦赤子心》是林超在一个小论坛上偶然发现的，"当时就把我听哭了。"然后，他迅速买下歌曲的版权，顺理成章成为"那兔"的催泪弹之一。

"那兔"究竟有多红？林超说，作为一名作者，他也曾打算和自己的粉丝打成一片。岂料每次现身，网友对他只有一个要求：赶快更新！吓得他再也不想进群。共青团中央的官微也不惜下场"赤裸裸"地"促更"："麻蛇（林超在'那兔'系列中的角色名）更，麻蛇更，麻蛇不更麻蛇羹。"

把爱国大声说出来

"那兔"新颖的表达方式受到爱国青少年的热捧和社会主流的高度

认同，这个系列做成了品牌，收获了流量，也为林超带来了荣誉和收入，却也因此惹来一些闲言碎语。

"我不觉得这有什么问题。"林超完全无惧质疑。

"爱国宣传可以是严肃的历史政治课，而我的角度则是有趣的课外书，任务就是让爱国主义更接地气。如果我的观众群体因此喜欢我，我认为这是一个良性循环，可以吸引到更多人参与其中，共同参与正能量价值观的输出。"

林超的淡定自有他的底气。他的作品更是感染和影响了无数网友。

2018年，林超应黑龙江大学和哈尔滨工程大学之邀前往讲座。互动环节中，现场一位学生告诉林超，他有一个朋友特别聪明，但"富二代"的出身让他没有奋斗的梦想。看了"那兔"后，朋友毅然报考了大连舰艇学院，后来前往亚丁湾执行护航任务。这样的反馈，林超收到很多。"所以我作为一名动漫作者特别自豪，我竟然可以帮到别人树立正确的价值观。"

"那兔"动漫的成功，也吸引了资本的关注。这几年，不断有投资人找到林超，想要共同包装"那兔"品牌。正是在此背景下，林超来到了成都，他想利用成都这座动漫之城的人力和技术资源，打造"那兔"的大电影三部曲。如今，第一部抗战题材的剧本正在送审。此外，抗美援朝、"两弹一星"的题材也正在策划中。

对内，林超将继续用"兔子"讲述中国人看得懂的故事；对外，他计划把这个中国动漫的IP带到海外市场，一个架空的空战题材和一个类似权力的游戏的故事已开始构思。"我希望在3至5年内，构建一个'那兔'宇宙。"林超说，这是一只普通的爱国"兔子"的梦想。

（作者为吴晓铃，《四川日报》2022年06月21日09版）

罗阳青年突击队——

挥洒青春　逐梦蓝天

2012年11月23日，歼—15舰载机首次在航母辽宁舰上成功起降，中国从此告别没有舰载机的时代。当人们还在为试飞成功欢呼雀跃时，现场总指挥罗阳却倒在了岗位上。如今，一群年轻人在罗阳曾经战斗过的地方，继续为航空报国的梦想努力拼搏。这个团队，就是中国航空工业集团沈飞"罗阳青年突击队"。

有理想——
"看着飞机飞上蓝天，我就心满意足了"

走到中国航空工业集团沈阳飞机工业集团（以下简称"沈飞"）办公楼之前，高级主管工程师李晓丹总要抬头凝望楼上悬挂的"航空报国　航空强国"8个大字。

2012年东北大学博士毕业后，李晓丹选择了沈飞。"前不久在东北大学校招，演讲台的大背景就是一架一飞冲天的战斗机。"李晓丹翻出手机上的照片说，她希望能有更多的学弟学妹投身祖国的航空事业。"看着飞机飞上蓝天，我就心满意足了。"李晓丹说。

同样是博士毕业后进入沈飞工作的流程管理室副主任张敏，当被问起选择沈飞的原因时，她脱口而出："冲着英雄罗阳来的！"张敏说，在新闻中看到罗阳烈士在工作岗位上殉职的消息，自己深受震撼。"他用生命肩负起'大国重器，以命铸之'的责任担当，他的精神和事迹感染着很多年轻人。"

队长方文墨打小就有个"飞机梦"。身穿朴素整洁工装的他，打开了话匣子："从小我就是个航空迷。"方文墨是在沈飞大院长大的，每当看到一架架飞机呼啸升空，他就会不自觉地抬头仰望天空。

2000年，方文墨考入沈飞技校钳工专业。跨进沈飞大门后，由于方文墨所在的分厂承担着为飞机操控系统加工零件的任务，方文墨要为这些零件做最后一道手工精密加工。这项工作不仅要熟知机械加工各个工序，还要熟练掌握钳工的加工技能，尤其要具有掌控加工精度的本领。

方文墨的第一件加工产品，工艺复杂，但他近乎完美地完成了所有工序。每年方文墨加工的产品数以万计，他不仅出色地完成了任务，还提出了200余项工艺改进方案，为企业节约生产成本数千万元。

敢担当——

"青年突击队，就要攻坚克难"

毕业于吉林大学物理化学专业的张敏，是沈飞面向应届毕业生招募的第一届博士生。工作后，张敏做了一个大胆的尝试——把专业方向转变为企业流程管理。

冬日午后的阳光洒进办公室，一摞摞厚厚的管理体系手册铺满了张敏的办公桌。"博士学历代表着过去，创新学习能力决定着未来。"张敏坦言，入职后她担任技术员，但看到航空流程管理体系方面还有不足，就想着要慢慢调整工作重心。

对张敏而言，虽然有兴趣，但很多理论知识都得从头学起。走出"舒适区"的她，先后取得了架构师、经济师等资格证书，又引进先进管理技术，帮助沈飞实现由粗放管理向精细化管理、由职能式管理向流程化管理的提质升级。"10年来，我们结合航空装备研制生产实际，打通从合同签订—生产计划—生产执行—质量控制—试飞交付—客户服务的产品全生命周期管理链条。"张敏说。

启动机器、输入数据，按下开始键，临近下班时间，李晓丹还在和同事用3D打印机打印零件模型。"我们设计的产品，很多来自3D打印。"李晓丹说。在李晓丹团队的工作室里，一幅书法作品挂在了显眼位置，上面书写着"大有可为、事在人为、关键在为"。从进入沈飞起，这名知性的女孩子，肩上便扛起了重担。

随着科技发展，增材制造技术进入航空人视野。当时的金属增材制造技术对于沈飞乃至整个航空产业来说都是全新技术，创新难度极大。"青年突击队，就要攻坚克难。"李晓丹说。她带领队员从设备安装、调试开始做起，不分昼夜地在现场摸索试验参数，优化工艺数模，一次次地试验改进，不到一个月，就打通了典型工艺样件在公司内的全流程试制，创造了行业内以最短时间实现高端装备使用并具备零件生产能力的先例。

2021年，沈飞首次承接了某验证机研制任务，但此时公司在整机设计与建立快速试制流程体系方面的经验还是一片空白。李晓丹再一次主动请缨。从总体设计、详细设计、工装模具设计、零件制造、装配、调试，直至成功实现地面滑行，经过100多个日夜，比计划提前近一周完成了新机交付。

"几次战役性攻关，我和团队掌握了研制的核心内容和关键技术，最终形成自主设计、生产与创新能力，培养出一支高能力高水准的整机研制队伍。"李晓丹说。

能吃苦——
"精雕细琢，把每一件产品都当成艺术品"

头发已经花白，眼角布满皱纹，眼前这个东北汉子，若非他自己介绍是1979年出生，旁人很难想象他才40岁出头。

"刚工作的3年，基本没休息，特别拼。""罗阳青年突击队"队员、航空工业首席技能专家王刚说，每月工作时长170小时，但他能达到300小时，为的是尽快将产品生产流程都摸清，把难活和关键工序都弄懂。

这种"两头看不到太阳"的工作强度，来自王刚的师傅——劳动模范张显育做出的表率。"这一切还要感谢我的师傅。"王刚打开话匣子，"师傅早来，我也早来。每天和师傅在一起就是学着干，比着干。"王刚说，师傅工作起来很忘我，总是站在机床边不停忙碌，一干就是一整天，数十年如一日坚守在平凡的岗位上。无论技术上，还是道德品行等方面，他都是年轻工人的榜样。

耳畔机器低沉轰鸣，王刚粗大有力的手掌抚摸着铣床，回忆起往事。那时正值我国航空工业实现跨越式发展的起步阶段。这段时期，航空技术不断升级，产品不断更新换代，大量新技术、新工艺、新材料得到应用。

"在任务最关键时期，我们每天夜以继日工作。遇到紧急任务时，经常加班到半夜甚至后半夜，有时太晚了就住在厂里。"王刚说，当时厂子设置了休息室，配备了简易床被。有一次，任务比较重，节点也很紧，连续一周每天干到凌晨两三点，在休息室打个盹，五六点又起来继续干。克服困倦和疲惫是个难题，王刚和工友们想出不少办法——喝浓茶、涂清凉油、用冷毛巾等。

"精雕细琢，把每一件产品都当成艺术品。"这是王刚常挂在嘴边的话。多年的勤奋钻研和工作淬炼，使王刚成为生产线上的"妙手神医"。曾经有一个零件需要修复处理，由于零件是薄壁不规则曲面结构，存在变形问题，修复可能性不大。

"请王刚协助修复，如果王刚修不了就只能报废了。"沈飞相关部门负责人说。王刚接手后深知责任重大，如果修复不了，除零件报废带来的经济损失外，还会影响整个型号产品的交付进度。经过深思熟虑，他创新出"不规则曲面装夹定位方法"，为公司避免了40余万元的经济损失。

身高1米88、体重200斤的方文墨，站在1.2米高的操作台前工作，常常是前腿微弓、后腿绷，双手握锉、身体前倾，这样的动作每天要重复8000余次。"开始很多人说我不适合干这行，但既然选择了，就一定要做到最好。"他说。

握住方文墨蒲扇般的大手，感觉厚重结实，又柔软细腻。为保证手掌对加工部件的敏锐触觉，他每天都用温水浸泡双手20分钟，去掉手上的茧子。但肉眼可见的是，在方文墨的手背、小臂上，却是累累伤痕。

家里几平方米的阳台，是方文墨的小天地，这里堆满了零件。曾经一个酷热的夏天，他的双手辗转于机器和零件之间，火星不时飞溅，豆大的汗珠顺着头发滴落，衣服被汗水浸透。但他始终全神贯注，反复锉磨，零件在手中不断变化。不知不觉中10个小时过去了，没吃饭的他，只靠喝水补充体力。

一个操作台、一把锉刀、一块金属材料、一只杠杆百分表，在纯手工操作的加工台上，方文墨创造了0.00068毫米的加工公差，"文墨精度"由此名震装备制造业，成为我国国产航空器零部件加工的极限精度。

勇创新——

"千锤百炼，传承创新，才能不断提升技术水平"

在机床前站定，方文墨拿起一个半成品零件，顺着打磨头缓缓移动，溅落一片金黄色碎屑。十几分钟后，4个外形毫无差别的零件整齐码放在工作台上。加工公差为0.003毫米，这个精度仅相当于头发丝的二十五分之一，连自动化程度很高的数控机床都达不到。

方文墨说："精密加工过程，掌握一定的肌肉记忆后才能实现。"在很多人看来，钳工岗位枯燥乏味，但在方文墨眼中，钳工的工作充满了艺术灵感和生命活力。"千锤百炼，传承创新，才能不断提升技术水平。"方文墨说。

2010年9月19日，沈飞成立了第一个以员工名字命名的班组"王刚班"。短短几年时间，就涌现出一大批劳模先进和优秀技能人才，班组成员连续10余次夺得全国、省市技能大赛冠军。一开始，王刚也曾因为员工技能水平不高、学习意识不强而着急。"我积极开展技术培训，把经验毫无保留地传授给大家。"王刚说。2011年王刚劳模创新工作室开始创建，2017年成为全国技能大师工作室，2020年王刚实训基地挂牌成立，开创了人才培养的新模式。

（作者为辛阳，《人民日报》2023年02月09日06版）

首钢集团冬奥服务保障青年团队——

激扬青春　添彩冬奥

闻道新春恣游览，羡君平地作飞仙。景色秀丽的北京首钢园区里，滑雪大跳台"雪飞天"凌空飞起，在蓝天中划出一道优美的曲线，现已成为热门打卡地。

在一群身着"志愿蓝"的青年人心中，"雪飞天"有着别样的意义，它记录着他们用青春、热血书写的报国答卷。这群青年人，就是荣获第26届"中国青年五四奖章集体"的首钢集团冬奥服务保障青年团队。

"志愿蓝"扮靓冬奥风景线

每次走过"雪飞天"，90后的周洁心中都会涌起一股强烈的自豪感。

身为首钢技术研究院的科研员，周洁所在的团队是"雪飞天"裁判塔用耐火耐候螺栓的研发者。作为首钢集团冬奥服务保障青年团队的一员，她与小伙伴们曾在这里守护了北京冬奥会的全过程。

"历时1个多月，经过系统培训和考核，完成23门冬奥课程后，我们才正式走上'雪飞天'的志愿服务岗位。"周洁说。

"志愿者的选拔，大有讲究。"首钢集团团委书记毕鲁博说，"青年员工报名人数远远大于各单位推荐人数，要通过各单位推荐、集团初选，经笔试、面试、心理素质测试等环节，才能正式进入选拔范围之内。"

2015年11月，首钢集团冬奥服务保障青年团队开始组建，共有成员523人，其中中共党员92名、共青团员266名。"我们28支青年突击队，出色完成滑雪大跳台等26个冬奥工程40000平方米的建设任务，圆满完成冬奥火种展示、火炬传递等重要活动的志愿服务。"毕鲁博介绍："城市志愿者累计上岗66天（其中节假日35天），提供各类服务近3000小时。医疗志愿者连续6年承担冬奥组委总部以及大跳台、签约酒店的赛时医疗保障任务。赛会志愿者在权益保护等岗位开展工作，为8场比赛近5000名观众提供协助安检、观赛引导等志愿服务。"

"从闭环内到大跳台外，首钢青年志愿者用热情专业的服务，让'志愿蓝'成为首钢园最亮丽的风景线。"毕鲁博说。

经得住考验的青年一代

1月26日到2月15日，是周洁等赛会志愿者进入赛时闭环的日期。

为确保赛场各项工作万无一失，志愿者每天都要到赛场，完成调试设备、协调沟通、赛道维护、环境巡查等各项工作。

"1月31日是除夕，大家轮流休息了半天。"周洁说，"大多数小伙伴都是第一次在外过春节，但是想到自己在为奥运服务、为国家作贡献，心里还是蛮自豪的。"

赛事服务无大小。95后姜萌至今记得，除夕前一天，几位工作人员在寒冷的室外为全体场馆人员整理物资近千份，"全部整理完毕，天已经黑了，手冻得通红，腿站得酸麻，但我们心里是光亮的，这是迎接虎年最好的方式"。

正式比赛期间，志愿者要在赛前3小时入场，赛后3小时离场。"早上4时准备出发，6时开始上岗。"周洁说，"年轻人嘛，大多是'起床困难户'，有人每天定5次闹钟，无论如何也得把自己叫醒。"

2月13日，北京大雪。"当天是参赛队的官方训练日，第二天就有正式比赛，做好各项服务是志愿团队的责任。"周洁回忆，当时雪一直下，为了确保转播区的彩排工作顺利进行，大家要不停地扫雪，"到中午吃饭时，才发现鞋帽都湿透了。"

"事实证明，在国家需要时，我们的青年一代是能经得住考验的。"毕鲁博说，"在进入大跳台闭环管理的员工中，超过70%都是青年。他们在关键时刻展现出的爱国、奋斗、奉献、担当，向世界展示了中国青年的风采。"

志愿服务精神深植心中

"首钢园的'活地图''百事通'"，这是大家对90后小伙卢川的称赞。

城市志愿者服务站点，是传递城市文化的名片。作为首钢园三高炉志愿服务站点负责人，卢川下了一番狠功夫，对园区情况了如指掌。游客关于赛场、街道、商户、卫生间等方面的问题，没有他答不上来的。

为使更多人了解冬奥文化，卢川还带领小伙伴们在场馆周边为游客提供健康义诊、手机贴膜、手工制作"冰墩墩"等志愿服务项目，吸引大量游客参与体验。

"我们不是冬奥赛场的主角，不是镜头的焦点，但能够直接参与冬奥服务保障，向全世界宾客展现阳光、自信、开放的中国青年形象，我们同样感到骄傲和自豪。"赛会志愿者柴碧珅说。

北京冬奥会大幕虽已经落下，志愿服务精神却深深扎根在这群青年人心中。"志愿者的工作，虽然多是小事琐事，但正是所有人的付出汇集起来，才成就了一届简约、安全、精彩的冬奥盛会。"来自首钢技术研究院的刘君煜表示，回到工作岗位，自己将以更高标准做好科研工作，为实现第二个百年奋斗目标贡献青春力量。

青春逢盛世，奋斗正当时。"能与国家共渡疫情的难关，助力成功举办北京冬奥会，是值得我们一生珍惜的宝贵财富。"姜萌道出了首钢集团冬奥服务保障青年团队成员共同的心声，"我们定当秉承初心，以吾少年之意气，与祖国万里恒昌！"

（作者为罗旭、王笙，《光明日报》2022年05月05日01版）

武警第二机动总队某支队五中队——

英雄连队的新冲锋

"在任何情况下坚决完成任务，绝不辜负先辈创造的辉煌，绝不辱没常胜战旗的荣光……"在武警第二机动总队某支队五中队，新队员庄严宣誓。

初冬的江南，细雨蒙蒙，7名新队员面向"百战百胜""常胜连"两面战旗，手握钢枪，昂首挺立，脸庞刚毅。

这支部队，前身隶属八路军120师独立第一旅，革命战争时期参加140余次战斗无一败绩，被授予"百战百胜""常胜连"等荣誉称号。

2018年中队面临转型，转型跨度大、要求高，带来的挑战也前所未有。带着先辈的荣光，年轻的身影奔跑在强军征程上，跑出转型发展的加速度。中队先后获评武警部队首批"四铁"先进单位、第二十六届"中国青年五四奖章集体"，荣立集体一等功2次、二等功8次、三等功41次。

任务变了，优良传统不能丢

2018年9月，中队迎来了转型之后的首批新排长，为转型之初的中队融入新鲜血液。

虽然怀着大展拳脚的念头，可是下队还不到一周，刚毕业的汪文超就"挨批"了。

那是一次"魔鬼周"极限训练，中队要求他以狙击手身份加入小队，汪文超凭借精湛技能，为集体赢了不少分数。

当晚的党小组会上，班长骨干并未因他首战告捷而进行过多表扬，反倒点出他的问题来。"训练一结束，你就躲到一边，作为一名经过系统培训的干部，要多帮带身边的战士""你只对自己能拿高分的课目上心，真上了战场，没有团队协作精神，怎能打败敌人"……

针针见血的问题一句句砸过来，汪文超脸憋得通红："第一次当着那么多人的面被批评，那时我真不理解中队为什么这么较真。"

随着逐渐融入集体，他发现这样的会议在中队是常态，执行任务后党员干部带头反思复盘，民主生活会上，被点出问题的对象现场表态，全体战士会后监督。

这种常态可以追溯到半个多世纪前。中队荣誉室珍藏着他们的"传家宝"，是完整保存的自1964年以来的党支部会议记录本，至今已有105本。

翻开中队党支部会议记录本，记录了开展的812次批评和战士给连队党员干部提的8600多条建议。没有特殊党员，没有批评禁区，问题什么时候露头，批评帮助就什么时候开展：

"训练钻研性不够，科目一不及格6人，科目二5人不及格。"

"射击练习时不注重练立姿，要以实战需要说明立姿的用途，引导同志们苦练。"

"谈成绩，一代更比一代强。谈教训，前人脸上长了麻子，后人脸上就不该再生窝窝。"

…………

任务变了，优良传统不能丢。"我们内部批评多，所以前人犯过的错误，后人就很少再犯。"副教导员缪斌介绍，荣誉来之不易，不允许有半点损害，正是因为立起了较真碰硬的态度，一代代"百战百胜传人"才能传递荣誉的接力棒。

去年5月，中队荣获第二十六届"中国青年五四奖章集体"，他们刚把奖章和证书领回中队后，就关起门来"揭短"。教导员曹利圆告诫大家："荣誉看多了，眼会花、心会浮，要保持清醒，对照更高标准和要求，查摆中队建设存在的不足和短板。"

有再大的困难，也要蹚出一条路来

入伍已10余年的张建星见证了中队"脱胎换骨"之痛："一大堆现实难题就直接摆在我们面前：训练上缺场地、缺器材、缺教员，攀登、机降等课目要从零开始。"

一些原本技术精湛的老骨干，一夜之间成了新专业的"小学生"。

"找不到路子，咱们就翻本子，有再大的困难，也要蹚出一条路来。"金黄磊是转型后的第一任政治指导员，作为一名从中队成长起来的干部，他清楚记得，过去中队发展一遇到难题，就会向会议记录本"请教"。

1964年，部队开展游泳训练，这是一门新课目，除了个别骨干会游泳外，大部分官兵都是零基础。最终，经过全体官兵共同努力，考核验收时，得到上级好评。记录本里清晰记录了官兵们的制胜秘诀：广泛开展"一帮一""一对红"活动，比学赶帮、树立标兵……

于是，"一帮一""一对红"的方法被科学运用到了当前的训练中，让有特战经历的两名小队长担任教练员，率先带领一批身体协调性强、体能素质硬的队员快速掌握技巧；而后，这些队员主动与其他官兵结成对子，进行互帮互学互教，辐射带动整体训练水平提升。

转型的5年多来，中队的训练水平大幅提升。转型之路，究竟经历了怎样的千锤百炼？在罗胜的记忆里，那是一段刻骨铭心的日子。

大队为了配强战斗力，对全大队战士进行综合考评，每个班的成员都进行了重新配备。在党支部征求炊事员罗胜转岗战斗员意见时，他没有丝毫犹豫："这是组织对我的信任，必须在新岗位干出个名堂。"

从炊事员到狙击手，难度无法想象。罗胜的手上有一层发硬的枪茧，据枪、瞄准、击发这些枯燥的动作，他练了数万次，只为真正做到极致、极速、极限。半年后，总队组织"巅峰"比武，他所在狙击小组斩获第一名，枪种集训，他又获得第一名，成为支队优秀狙击手。

中队在练兵场立起一系列标准：快反射击不算上靶率算射杀率，抓绳上标准增加2米，特种射击时间缩短0.3秒……中队官兵百分之百通过等级评定、精通多种枪械、具备一专多能。

凭着这股拼命的劲头，中队官兵羽翼日益丰满。转型以来，创造保持16项训练纪录，182人荣膺"极限训练勇士"，3人荣立二等功，11人荣立三等功。

战场需要什么，创新就指向哪里

炮声隆隆，硝烟在雨雾中弥漫开来，五中队官兵宛若雨中迅疾的闪电，在模拟战斗中奋力冲锋。

这是一场远程跨区机动的红蓝对抗演练，五中队官兵担负对盘踞于岸边的"恐怖分子"营地清缴捕歼的核心任务。

"突击!"随着指挥员口令的下达,蛙人杨远勇使用水下步枪迅速对岸边游动的警戒人员实施打击,丛林内各小队按照战斗编组径直扑向作战目标。枪响靶落,酣畅淋漓。战术动作娴熟、协同配合紧密。

改革后,中队转型"建"的任务很重、备战"战"的要求很高。支部一班人探索建队强能规划,由粗放式训练转为模块化训练,由"连—排—班"变为"中队—小队"。战训建管都通过小队、依靠小队、信任小队,几年来全部小队先后都在极限训练等演训中被支队评为"尖刀小队",2个小队荣立集体三等功,中队经验做法在全总队推广。

中队官兵始终坚持战场需要什么,创新就指向哪里,多个结合任务参与研究总结的战法和参与攻关的课题得到推广。

转型之初,除了射击成绩,副小队长刘兵所在小队的军事成绩几乎完美。13个实战训练课目纳入新大纲后,一小队队员们12个课目全部优秀,唯独特种射击一项课目不及格。

有时,一练就是半天,手掌虎口磨出了血泡,小臂练得发胀,但在最后实弹检验时,子弹怎么都不听使唤,总是跑靶,大家心急如焚。

一次,刘兵在搜排爆训练中,他联想到,如果把蜂鸣器与光传感器组装一起安置到靶纸上,装有激光笔的手枪每次瞄上靶纸后,就会触发蜂鸣,就能及时反馈瞄靶实效。

说干就干,中队年轻的"创客们"有的从电子产品中拆卸蜂鸣器,有的反复测试敏感度,有的持续优化组合装备性能。不到一周,15个自动报靶器随即制成,在检验空枪训练效果中发挥了大作用。

中队长杨仕武介绍,面对开新局、蹚新路的挑战,他们广开思路,分专业成立课题攻关组。

面对新装备的应用，侦察队员研究近年来的国外经典战例，结合穿越机速度快、机动灵活的特点，主动承担起穿越机与传统战斗编组结合的创新训练任务。

从基础编程学，在模拟机上练。在熟练掌握穿越机操作以后，他们还创新提出"人机伴飞""蜂群打击"等战法，迅速在支队展开运用……

转型路上，不断蓄能。凭着"敢字当头，敢打硬拼"的一股气，一茬茬官兵在挑战面前总能克服万难，坚决完成任务，成长为一把把克难攻坚、永不卷刃的钢刀。新时代的五中队官兵，在强军征程中勇敢冲锋，目标永远只为下一个胜利。

（作者为李卓尔，胡世鹏参与采写，《人民日报》2023年11月26日06版）

紫丁香学生微纳卫星团队——

为中国航天注入青春动力

第24届"中国青年五四奖章"评选结果揭晓，哈尔滨工业大学紫丁香学生微纳卫星团队荣获"中国青年五四奖章集体"。这是一支为中国航天注入青春动力的团队，主要由90后和00后大学生组成，平均年龄还不到24岁，被称为中国航天最年轻的团队。

兴趣导向　汇聚有梦的年轻人

"学校给我们搭建了实现梦想的舞台，将一群对航天有兴趣的年轻人聚在一起。"谈及紫丁香学生微纳卫星团队组建的初衷，韦明川说。

2009年考入哈尔滨工业大学不久，韦明川就加入了学校无线电俱乐部。当年，中国首颗业余无线电通信卫星"希望一号"发射成功的消息让他倍感振奋，萌生了自己动手研制小卫星的梦想。这一想法得到老师们的支持："哈工大向来欢迎'爱做梦'的学生，放开手脚大胆干吧。"2012年，紫丁香学生微纳卫星团队成立。

2015年9月20日7时01分，由团队研制和发射的"紫丁香二号"绽放星空，开创了我国由高校学生自主设计、研制与管控微纳卫星的先河。自此，团队开启了探索浩瀚宇宙、逐梦星辰大海的征程。

"最主要的是兴趣导向。"每年团队纳新，韦明川最看重这点，"只有真正感兴趣，才能有把事情持续做好的动力。"

1999年出生的黄家和，从小就是个航天迷。得知紫丁香团队的信息后，正在读高中的黄家和既羡慕又激动，他与团队成员取得了联系，并把哈工大作为自己高考的目标，"刚进学校一个月我就加入团队了"。不久，他就得到了参与研制"龙江二号"微卫星的机会，负责地面测控站的软件设计。

加入团队两年半，黄家和感受最深的是，只要提出的想法可行，基本上都会得到支持；只要做得好，就有很多施展的机会。"虽然团队对成员没有任何限制和约束，但卫星研制是一个大的系统工程，每个人都不是单独存在的个体，必须团结协作。在这个队伍里，我们因共同的兴趣聚在一起，为共同的目标而努力。"他说。

这个团队非常富有激情和活力，因为每一年都会有新鲜血液注入。吴雨轩便是其中之一，作为团队中的00后成员，加入仅有半年多时间，但他已经能独当一面了。团队目前正在承担由中俄工科大学联盟支持的"阿斯图"卫星研制任务，他在其中负责整星外部结构设计。"团队的自由度很高，学校投入大量经费，提供场地和设备，支持我们，相信我们，鼓励我们大胆去想、放手去做。"吴雨轩说。

"这是一个全校学生都可以参与的广阔平台，在这里，师生之间科研资源共享，不同年级、不同专业背景、不同知识结构的年轻人在一起进行思维碰撞。"中国工程院院士、哈工大副校长曹喜滨说，"未来平台还将吸纳留学生、文科生加入，体现学科的交叉与多元。"

目前，团队以学校卫星技术研究所为依托，汇聚了学校航空宇航科学与技术、力学、计算机科学与技术、控制科学与工程、机械工程、信息与通信工程等9个学科的本科生、硕士和博士研究生100余人。

仰望星空　更需脚踏实地的努力

如今，团队已自主研制了"紫丁香一号""紫丁香二号"，参与研制了"龙江一号""龙江二号""珠海一号"星座和新技术试验卫星E星，其中，许多同学对参与"龙江一号""龙江二号"两颗微卫星的研制过程感受最深。

"这两颗卫星属于重大科研任务，要求很高，难度极大。"吴凡在团队里负责姿态与轨道控制，大学二年级就加入团队，现在博士即将毕业。"在与实验室老师一起工作的过程中，感觉又重新学习了一遍，无论是精神层面，还是技术层面，我们都还有很长的路要走。"他说。

"'龙江二号'微卫星项目时间紧、任务重，为保证整星测试的连续性，在实验室熬夜是常有的事。"在团队里负责星务管理分系统的邱实说，记得有一次跟沙特相机进行对接试验，时间与卫星振动试验完全冲突，大家白天进行振动试验，晚上进行相机对接。到了发射关键期，团队每天基本只睡两小时。

当时，刚上大一的泰米尔和团队的几名成员负责"龙江二号"微型相机的设计工作，如此难得的机会从天而降，他异常激动和兴奋。然而卫星上给他们留下的空间仅有22毫米乘42毫米，要在拇指大小的地方设计一台相机，难度可想而知。于是，他们提前结束寒假回到学校调试硬件；凌晨4点一边放下刚做好的高频课设，一边又拿起相机的电路板调试程序。"这是一条十分难走的路，但也是学长们曾经走过的路。"泰米尔说，"记得周玉校长曾经说过，哈工大人要有水滴石穿、绳锯木断的精神。从硬件六次大改到软件长达半年多的调试，再到最终相机随着'龙江二号'升空拍回地月合影，当我抬头仰望月亮的时候，心想，青年人要勇于有梦，但更要脚踏实地，有不驰于空想、不骛于虚声的精神。"这个长着娃娃脸，才24岁的大男孩有着超乎年龄的理性。

科研攻关既要付出辛苦，还要面对很多意外和挫折的考验。"龙江一号"在发射升空后不久因故突然失联，根本没有扼腕痛惜的时间，团队立即投入到全力抢救"龙江二号"的战斗中。"当时只有一个信念，必须把'龙江二号'抢回来！我们在指控中心现场连续发送400多条指令，如果任何一条发生微小偏差都将功亏一篑，当卫星的转速从每秒400度慢慢降到零的那一刻，大家悬着的心终于放下了。"当时的惊险情形对邱实来说至今难忘。

"老师告诉我们，不要害怕失败，更不要轻言放弃。对于我们的成长来说，在别人的帮助下取得'正确答案'只能算是迈出一小步，而从挫折经历中汲取宝贵经验则会让我们跨越一大步。"吴凡感慨道。

少年可期　背靠强大的祖国

2019年2月15日，《科学》杂志刊登了一张"龙江二号"微卫星团队拍摄的"地月合影"照片，随后这张照片在国际主流媒体上广泛传播，英国《独立报》在报道中称"这可能是迄今为止最棒的地球和月球合影"。团队由此备受国内外关注。

"当我们听到来自全世界不同国家的人一次次地对我们说，他们收到了中国'龙江二号'的卫星信号时，是最激动的。"韦明川说，"世界各地的卫星和无线电爱好者十分认可这件事，都希望参与'龙江二号'卫星的信号接收，为此我们设计了一个公开信道，他们可以在预设时段内进行数据接收，甚至直接发送指令控制小相机拍照和图像下传，来自荷兰、德国、西班牙、美国、日本等国家的爱好者们都有参与。"

在"龙江二号"完成使命受控撞月的网络直播中，一位父亲和一名大学生的留言深深触动了泰米尔："我是一名无线电爱好者，年轻的时候没有机会参与卫星的研制，我的孩子对此非常感兴趣，喜欢看你们的直播，希望有一天他能加入到你们中。""正是受你们团队的激励鼓舞才立志航天，我今年已经考进哈工大了，也要加入你们。"

泰米尔说："如果通过我们团队能激励吸引越来越多的年轻人参与到祖国的航天事业中来，会让我们所做的工作变得更有意义。"

在众多赞誉中，邱实最喜欢"中国航天版的'少年可期'"。他认为这是一个很高的评价，把团队放在了中国航天传承人的位置上。"我常常反思自己是否担得起这样的评价。应该说与学校老一辈航天人白手起家搞科研相比，我们所做的一切不值一提。但我希望能通过以后的加倍努力，做一些真正配得上这个评价的事情。"

从本科加入团队到硕士毕业离校工作再到博士入学重新归队，张冀鹞在磨砺中成长，他深深体会到：从前因兴趣使然而去做的事情如今已经变成了值得自己投身一生的事业。"随着国家经济社会发展，以学生身份参与研制卫星这种过去想都不敢想的事，如今都变成了现实。"张冀鹞说，"从1970年成功发射第一颗人造地球卫星'东方红一号'，到如今探月工程等航天项目如火如荼地开展，短短几十年，深切感受到祖国的日益强大，也激励着我们团队为未来的中国航天事业尽一份力。"

刚刚参与新技术试验卫星E星研制任务凯旋的胡超然对此也有同感："2012年刚加入团队的时候，国内的大学还没有学生做卫星项目的先例。

随着国家科研经费投入越来越多，和对创新型人才培养的高度重视，现在很多高中生都有机会参与卫星项目。开始我们好几年做一颗星，现在一年做好几颗。"

在团队成员宿舍里，关于航天的印记比比皆是，其中一张"我们为梦想而生"的明信片格外醒目。少年可期，期待和祝愿这样一群年轻人都能实现自己的航天梦。

（作者为张士英，《光明日报》2020年05月10日07版）

东方超环团队——

在科学小岛刷新世界纪录

安徽省合肥市西北郊，有一座伸入水库的半岛，这里是中科院合肥物质科学研究院所在地，合肥市民更习惯叫它"科学岛"。在这座不足3平方公里的小岛上，酝酿着一个全人类的终极梦想——创造无限且清洁的能源。

朝着梦想，一代又一代科学家围绕着一座直径8米、高11米、重400吨、形似锅炉的庞然大物——东方超环（俗称"人造太阳"）接续前行，不断刷新着世界纪录，创造着"中国奇迹"。他们，被称为是"追太阳的人"。

就在2023年4月12日夜，东方超环成功实现403秒稳态长脉冲高约束模式等离子体运行，刷新了此前101秒的世界纪录。"科学家，永远是我们最宝贵的财富。"中科院合肥物质科学研究院等离子体物理研究所（以下简称"等离子体所"）副所长胡建生说，"在这里，所有的事情只围绕着一个中心转——让科学家自由地、纯粹地追求科学。"

追梦"人造太阳"，他们使命在肩

清晨的薄雾还未消散，"追太阳的人"已经起身。

清明节假期，东方超环团队青年科研人员侯吉磊没有给自己放假。

早上7点钟，他如常来到东方超环控制室，紧盯大屏幕，不时记录着各项运行数据。

"坐定了就离不开人，在控制室值班是一年两轮，每轮3到4个月，每年大半时间都要围着装置转。"提及"辛苦"，侯吉磊更愿意谈"情怀"，"能够在国际顶尖科研平台工作，是一种幸运。"他的同事王保国也一样："小时候我就想过，人类能不能创造一种无限且清洁的能源。没想到如今我真的坐在这里，为实现这个伟大的梦想贡献一点力量。"

"日常管理教育中，我们特别注重对老一辈科学家精神的传承弘扬，通过举办科学家讲坛、主题党日等多种形式的活动，引导科研人员尤其是青年科研工作者树立起'科教报国'的远大抱负。"胡建生表示。

定期举办的科学家讲坛，既有老科学家现身回顾创业之艰，也有青年科学家讲述科研攻关过程中涌现的感人事迹，更是新老科学家们碰撞思维、交流经验的好地方。

入所之后，只要时间允许，侯吉磊和王保国都会参加科学家讲坛，"眼前这个国际顶尖大科学装置的基础，是老一辈科学家用瓷器、牛仔裤、羽绒服等生活物资从俄罗斯换来的退役装置。当年已近古稀之年的高大明总工艺师连续24小时坚守在一线，体力不支晕倒后，醒来的第一句话就是'超导线圈装配得怎么样了'。胃切除了4/5的万元熙院士只要工作起来就如痴如狂，他常说'出不了成果，怎么对得起党和国家'。"身边的一个个榜样，让侯吉磊和王保国深受触动。

"大国重器的建设史，就是党领导下的科技奋斗史。"胡建生说。等离子体所的党支部就建在实验室，每逢急难险重任务，党员攻坚团队总是冲在一线。近年来，等离子体所不断引导优秀人才向党组织积极靠拢。2022年，10余位优秀人才光荣入党。

此外，等离子体所还组建了一支百余人的科普团队，在全社会开展义务科普活动，将大国重器的故事讲给下一代听。近年来，等离子体所科研团队先后荣获"安徽省先进集体""中科院先进集体""中国五四青年奖章集体""全国五一巾帼标兵岗"等荣誉称号。

既压担子，又架梯子

90后小伙侯吉磊已经取得了副高职称。"不算快，所里有不少人比我快。"他并非谦虚，事实上，等离子体所全所200余名副高及以上职称职工中，一大半都是青年。

"解决'帽子'问题，对青年人才成长具有很强的激励作用。在评价体系改革中，我们坚持'破四唯、立新标'，以青年人才在科技突破中作出的实际贡献为主要依据进行评价。"胡建生说。

东方超环大科学装置涵盖低温、真空、微波等多个专业，针对不同专业人才，等离子体所建立了相应的评价体系。每个专业又下设"科研岗""工程岗""支撑岗"等不同岗位，针对不同岗位，等离子体所又进一步细化了评价体系。

该工作是否具有创新性？该工作是否发挥了重要作用？科研过程中，该团队的人才培养工作效果如何？如今，类似问题成了专家委员会进行职称评定时的"金标准"。

侯吉磊每年的工作分为"主线"和"支线"两部分，"主线"任务就是保障大科学装置安全平稳运行，"支线"任务则是围绕装置组建团队开展相关研究。"2022年11月，我提出了优化弹丸注加料系统的相关方案，当月即通过并发放了研究经费。随后我组建了一个4人小组展开研究，目前已经取得了阶段性成果。"侯吉磊说。

在等离子体所，只要你的想法有创新性，有助于解决大科学装置存在的问题，就可以提出申请，经批准后组建团队开展研究。"人才培养既要压担子，又要架梯子。在做好'主线'任务的同时，我们鼓励所有人自由提出想法，只要有助于装置优化，我们就会毫不犹豫地给予各方面支持，包括装备、资金、人员等。"胡建生表示。

科学研究，总是在一次次失败中接近成功。等离子体所充分尊重科研规律，对研究失败的团队不过度问责，而是协助查找问题、理清方向，为团队打造宽松的科研氛围。

"在这里做科研很愉快。"侯吉磊笑着说。

构建与国际接轨的人才环境

入所前，王保国有很多选择，但他还是毫不犹豫地加入了等离子体所："身处这样一个顶尖平台，能够让我更加接近儿时的梦想，并在这个过程中实现自我价值。"

为让每一个人实现自我价值，等离子体所在深化人才评价改革、打造宽松科研环境的同时，不遗余力地做好"引进来"和"走出去"工作。

"我们为'博新计划'等优秀博士后提供了具有国际竞争力的待遇，对聚焦主责主业的'好苗子'持续给予政策支持，充分利用平台优势，发掘培养主攻和新兴交叉方向青年人才；制定了特任副研究员政策，与特别研究助理政策、博士后相关政策实现全链条无缝衔接，为优秀人才从博士到博士后，再到高级专业技术人才铺平道路；高品质人才公寓建成、优质配套资源引入等，也解决了优秀人才生活上的后顾之忧。"胡建生说。

作为国际磁约束聚变装置中最前沿的国际开发平台之一，东方超环已经成为"第三世界科学院开放实验室"和"世界实验室聚变研究中心"。当前，已有30多个国家和地区与东方超环开展了广泛交流合作。利用这一优势，等离子体所积极推介优秀人才从小岛走向世界，深度参与国际前沿交流合作。

"科技之花"如何结成"产业之果"，亦备受关注。在中科院合肥物质科学研究院统一政策指导下，科研团队可以获得职务科技成果转化收益最高70%的现金及股权奖励。此外，对于受企事业单位等委托进行的技术开发、技术服务等横向项目，合同净结余经费作为成果转化收益，给予科研人员现金奖励。

围绕东方超环，一批"沿途下蛋"成果相继涌现。"我们的超导回旋质子治疗系统综合运用了东方超环中的超导技术、加速器、射频技术、真空机械技术等一系列关键技术。原先，该系统大多由外国研产，但是利用东方超环，我们终于实现了自主研发！"合肥中科离子医学技术装备有限公司总经理陈永华介绍，该系统投入使用后，广大癌症患者相关治疗费用有望减少一半。

下一步，人才工作怎样持续优化？胡建生表示，应该继续借机借力推动青年人才工作，用好用活人才政策，形成政策服务链；发挥大科学装置人才集聚效能，形成科研平台服务链；强化精准定制服务，构筑高质量后勤保障服务链。"让科学家自由地、纯粹地追求科学，在这里永远不会改变。"胡建生说。

（作者为丁一鸣、常河，《光明日报》2023年04月23日07版）

中国建筑埃及新首都CBD标志塔项目青年工程师团队——

以"中国建造"唱响
"一带一路"青春之歌

在埃及首都开罗以东50公里的沙漠地带，高达385.8米的"非洲第一高楼"——标志塔最为显眼，这座高楼的建设者正是中国建筑集团有限公司埃及新首都CBD标志塔项目青年工程师团队。

这支团队组建于2018年，现有58人，平均年龄29岁，其中35岁以下青年有44人，占比76%。他们以中国方案、中国质量、中国速度，开埃及超高层建筑施工之先河，打造了被誉为"埃及新时代的金字塔"的城市地标。

前不久，这支青年工程师团队获第27届"中国青年五四奖章集体"荣誉。

擦亮中国建造名片

埃及新首都CBD项目是迄今为止中资企业在埃及承建的最大项目，也是埃及国家复兴计划的重要工程。2018年3月18日，该项目隆重开工，致力打造中埃两国在"一带一路"倡议下合作的典范，其中最核心的就是"标志塔"。

"要在沙漠地区复杂环境中建设超高层建筑，独特的地质结构、常年的风沙、夏季的高温等都是巨大考验。标志塔施工应用的C80高强混凝土属于非洲首例，没有历史数据可作参考。"中国建筑埃及新首都CBD标志塔项目经理魏建勋告诉中青报·中青网记者，为保证施工一次成功，项目青年工程师团队成立了"建证未来"新砼人青年突击队。

这支青年突击队每天在搅拌站顶着烈日工作，前后设计了30余套方案，最终成功研发出适用于超高层泵送的高强混凝土，最高强度可以达到C100，创造了沙漠高温地区高强度混凝土的应用纪录。

当地时间2019年2月26日23时30分，标志塔主楼1.85万立方米混凝土基础底板，历经38小时连续作业浇筑完成。这是中国建筑集团首次把"多快好省"的溜槽技术引入埃及，创造了当地单体建筑最大基础筏板、超大型基础筏板浇筑最快纪录、最大单日混凝土浇筑量3项第一。

魏建勋还记得浇筑当天，12条混凝土生产线开足马力，128辆搅拌车不间断运输，所有专业工程师驻点督查生产线运作，仅用38小时便完成了任务，创造了高峰期单小时浇筑量785立方米的惊人速度。

要如期履约在沙漠中建起"非洲第一高楼"，就要解决在保证质量与安全的情况下如何提高建设速度这一问题。项目青年工程师团队敢想敢干，决定引入大国重器——"空中造楼机"。这是第一次在埃及使用该装备，业主和监理对装备的安全性存在顾虑。

时任项目总工的田伟带领青年工程师团队梳理了20余个国内成熟案例，逐个建模论证，经过近两个月的反复讨论，成功说服外国业主和监理通过评审。

最终，标志塔核心筒节约工期90天，核心筒和外框钢结构施工分别实现"四天一层"和"三天一层"的施工速度，助力核心筒施工实现"零风险"，施工效率提高20%。

"中国企业在建筑领域拥有非常先进的技术和丰富的经验，他们运用的很多技术，如新型铝合金模板应用技术、新型液压爬模应用技术等，对埃及建筑行业将有非常大的启发和带动作用。"项目埃方建设商务开发部主管艾哈迈德·阿兹米说。

彰显中国精神，展现中国担当

在项目建设关键时期，海外疫情形势严峻。当时，项目团队果断采取"大封闭、小隔离、网格化"管理模式。10多名刚入职的小伙子请缨担当，站在与外界接触最多、风险最高的值班测温岗，守住疫情第一道防线，确保项目不停工。

"疫情期间项目艰难，这个时候需要我们共同坚守。"赴埃及短期工作的青年工程师廖士杰说。

面对疫情对项目供应链产生的冲击，项目青年商务工程师师健超同财务、清关同事沟通并牵头制订了多项举措，确保"项目—代理—厂家"供应链顺畅，为现场施工争取宝贵的时间。面对380米以上超高层垂直运输降效严重、34万个点光源的巨大工作量等挑战，项目机电负责人王存湖带领团队组建3个青年攻坚小组，克服电源不稳定、布线复杂、调试难度大等困难，提前12个月实现了外立面整体亮灯。

2023年春节期间，当"非洲之巅"闪耀起"中国红"时，标志塔成了埃及新行政首都项目中夺目的风景线。

每当被问到为什么中国青年工程师愿意远离祖国，坚守奋斗在非洲大漠时，他们会坚定地说："这是一份崇高的事业，我们代表着中国。"

团队成员坚持不懈、恪尽职守，感染了越来越多的埃及青年员工投身项目建设。

31岁的阿穆尔毕业于埃及艾因夏姆斯大学土木工程专业，在中国师傅的带领下，他埋头苦学，每天除完成规定工作，还拉着中国同事交流经验技术，并整理成笔记，同其他工友分享。几年下来，阿穆尔已成为一名青年技术骨干。

在建高楼的同时，项目团队积极落实《中埃产能合作框架协议》，与当地300多家企业合作，促进上万名劳动力就业；持续发挥产业链优势，积极分享成熟工艺、技术成果，带动当地产业结构升级。该团队在埃及开设了中国境外首所"鲁班学院"，整合培训资源，面向埃及青年员工开展技术交流和培训，为员工实现个人价值搭建动态开放的舞台，第一批104名埃及大学生已完成实习实训任务。

讲好中国故事，深化两国友谊

为讲述中国企业的"好故事"，项目青年团队打造全社交媒体矩阵，开通运营多个海外社交媒体平台，制作推广有温度、有内涵、有情怀的"小而美"产品。此外，还联合使馆承办"唱响埃及"华语歌曲大赛，拍摄驻埃中企首部多语种形象片，举办10余场"建证幸福"开放日活动，邀请来自埃及住房部、NUCA业主及高校、媒体、行业代表参观项目，加强技术交流，促进行业发展。

在标志塔封顶仪式开放日上，埃及住房部长埃萨姆说："通过开放日，我们共同见证CBD标志塔封顶，这不仅是中埃两国交流互鉴、合作共赢的重要成果，更是埃及引进现代技术、实现新时代建筑发展的里程碑。"

项目青年工程师团队成立"建证未来·蓝海益路"志愿者服务队，开展慈善开斋宴、清理海滩垃圾、社区环保服务、集体义务植树、爱心助学捐赠等活动累计近40场，连续4年发布多语种服务埃及可持续发展报告，连续7年参与埃及中国商会斋月慈善活动，赢得埃及国家劳工部等高度赞誉。开罗"十月六日城"孤儿院负责人杜阿·萨利姆表示，项目团队的帮助让孩子们感受到了来自中国的温暖，"我们会将这份关爱铭记于心"。

项目青年工程师团队打造"建证幸福书屋"，邀请当地专家学者走进书屋，累计开展6场"建证幸福"系列文化讲座，举办庆祝中埃建交65周年书画摄影展，中埃社会各界5000余人参与。与当地协会、高校、社区等开展中华文化日、中非青年工匠交流营等活动，为文化交流互鉴拓展平台，带动了更多国外青年了解中国、喜爱中国。

魏建勋告诉记者，如今，在中埃建设者的共同努力下，埃及新首都CBD项目正向着全面竣工交付冲刺。项目青年团队将始终践行"人类命运共同体"理念，踔厉奋发，勇毅前行，争做"一带一路"建设的先锋队、大国建造的排头兵，让青春在建设造福世界的"发展带"、惠及各国人民的"幸福路"中绽放更加绚丽的光彩。

（作者为周围围，《中国青年报》2023年05月08日01版）

宝塔消防救援站——

传承红色基因　永做人民卫士

走进延安市宝塔区宝塔消防救援站，"弘扬延安精神，永做红军传人"的队训引人瞩目。建队50年来，队训早已融入一批批队员的血脉，成为他们的价值坐标。

以驻地为故乡、视百姓为亲人，这支"火焰蓝"队伍始终用赤诚和忠勇守护着3556平方公里土地和75万老区人民的生命财产安全，践行着"救民于水火，助民于危难，给人民以力量"的铮铮誓言。

用延安精神指方向

宝塔消防救援站历史悠久，脱胎于延安时期党领导下的陕甘宁边区政府保安处。作为一支在窑洞里诞生的消防救援队伍，宝塔站始终坚持用延安精神铸魂育人。

在张思德纪念广场，队员们集体诵读《为人民服务》；在南泥湾，他们追忆自力更生、艰苦奋斗的峥嵘岁月……

"每当有新消防员入队，队干部都会带他们参观革命旧址，诵读誓词、重温队史，这已成为宝塔站雷打不动的入队第一课。"宝塔站一级消防长张保愿说，"从湖北宜昌来延安工作已近30年，是延安精神教育了我、滋养了我、成就了我。"

在延安精神的感召下，一批批队员赴汤蹈火不畏艰险，早已成为当地群众心目中鏖战洪魔的"守护者"、舍生忘死的"冲锋队"、争分夺秒的"排险员"。

2013年7月，持续26天的强降雨导致延安宝塔山、凤凰山发生多处山体滑坡、窑洞坍塌，情况十分危急。接到警情后，宝塔站五人一队、三人一组，携带救援装备，在暴雨和泥浆中七上宝塔山、五上凤凰山，连续奋战26个昼夜，共疏散群众千余人，营救被困人员62人。

"灾情就是命令，时间就是生命，越是艰难险阻，我们越要发挥'尖刀'和'铁拳'的作用，用我们的专业救援帮助广大群众渡过难关。"曾参与救援的宝塔站三级消防长木洪刚说。

自建立以来，宝塔站已累计接警出动1.25万余次，抢救被困人员3200余人，保护财产价值197.4亿元。

生死关头不退缩，危急时刻敢亮剑，一个个"现场"见证着宝塔消防员的英雄本色。

"有消防员在，我们心里就踏实了"

作为老区人民的"守护者"，宝塔站在50年的历程中，不断践行着"火场打不赢，一切等于零，武艺练不精，不是合格兵"的口号，把精武强能作为履职尽责的第一要务。

宝塔区共有革命旧址158处，年接待群众6300万人次。宝塔站站长孙帅征介绍，宝塔站提出"像保护眼睛一样保卫红色旧址"的口号，对辖区每一处革命旧址实地寻访、登记造册，探索建立"一址一策一演练"

精准化响应机制，确保辖区所有革命旧址的安全性。

宝塔区现有高层建筑454栋，一旦发生火灾，燃烧荷载大、供水扑救难。针对火灾扑救难点，宝塔站立足实战、苦心钻研，研究制作了"高层水带铺设保护器""消防水带晾晒收卷装置"等一批创新型器材装备，有效解决了高层建筑火灾扑救供水难题。

为了适应新时代灭火救援需要，宝塔站还总结编写了《灭火救援供水》理论教材，创新提出全水系泡沫作战方法，大大提高了火灾扑救效率，为同类地区灭火救援提供了"宝塔经验"。

行走在宝塔区的革命旧址、大街小巷，每当提起消防队员，广大群众总是感慨："有消防员在，我们心里就踏实了。"

"你们这群好后生，就像张思德一样"

自建立之初，宝塔站就以"全心全意为人民服务"的张思德为榜样，与驻地人民鱼水情深、血脉相融。

2009年8月，宝塔站指战员像往常一样，又一次来到"八一"敬老院义务劳动，原三五九旅老红军毛光荣拉住指战员的手动情地说："你们这群好后生，就像张思德一样实在，要好好当兵，要对得起老百姓！"

在老红军的鼓励和启发下，宝塔站成立了以党员骨干为主的张思德消防服务队，助老帮困、扶贫救灾，虽然队员换了一批又一批，但全心全意为人民服务的宗旨始终熠熠生辉。

2021年夏天，一次消防知识宣传活动让宝塔站的消防员和宝塔区柳林镇山狼岔村的王世梓大爷结下深厚友谊。得知王世梓的老伴常年患病，孩子们都在外打拼，消防员们一有空就上门帮扶，大到住院看病、小到修理灯泡，无微不至。

"这是贺牛牛，这是严杰，这是裴指导员……"来的次数多，王世梓对消防员的名字如数家珍。去年除夕，消防员们带着年货到王世梓家中慰问，随后将其邀请到消防队过年，老人感慨之余提笔写下"为人民服务、替祖国争光"十个大字。

宝塔站政治指导员裴文博说："我们将继续矢志不渝传承延安精神，让火焰蓝的旗帜在圣地迎风招展，让鲜红的党旗在老区高高飘扬！"

（作者为张斌，《中国青年报》2023年11月30日02版）